株式投資2022
賢い資産づくりに挑む新常識

前田昌孝

日経プレミアシリーズ

はじめに

若年層の積み立て投資が急増している。金融庁が2021年10月12日に修正発表した6月末時点の少額投資非課税（NISA）口座の利用状況調査によると、「つみたてNISA」の口座数は3月末に比べて15・5％、1年前に比べて70・9％も増加して、417万5430口座になった。積み立てによる累計の投資信託購入額も1年前の2・33倍の1兆658億円と一気に1兆円を突破した。

2019年6月に金融庁の審議会が公表した報告書で、老後の不足資金を試算した「老後2000万円問題」が物議をかもし、計画的な資産形成への関心が高まったことが背景だ。全体の口座の72％強が20歳代から40歳代のもので、この「資産形成層」の総人口は4415万人（9月1日現在）だから、この年齢層の14・6人に1人が投信積み立てをしている計算になる。

ここ数十年を振り返っても、これだけの大勢の人たちが証券投資を始めるのは、異例なことだ。政府は１９９６年に「金融ビッグバン（大改革）」を唱えて以来、「貯蓄から投資へ」をスローガンに経済活性化に躍起になってきたが、さまざまな統計を見る限り、空振りに終わっている。

しかし、まだ金額的なインパクトは知れているが、非常に大勢の若年層が証券投資に目を向けた。これは今後、いろいろなかたちで日本経済や日本の社会のありようを変える原動力になる可能性がある。極めて多くの人が「市場の目」で世の動きを観察し、判断し、行動することになるからだ。

筆者は43年近く勤めた日本経済新聞社を２０２２年1月末に退職するが、この本はせっかく証券投資を始めた人たちに、株式市場の機能を正しく理解してほしいという思いから、執筆した。日本経済新聞電子版に毎週1回書いてきたコラム「マーケット反射鏡」と同じように、根拠の不確かな推論ではなく、具体的なファクトを持って、本当の株式市場の姿を伝えることを主眼にしている。

多様なエピソードをちりばめたが、本書は全体として1つのテーマを持っている。企業統治改革であれ、環境対策であれ、世の中で「いいことだ」といわれていることの多くには、さまざまな落とし穴が潜んでいることを示すことだ。そもそも専門家でも、株式投資について大きな誤解をしているのではないかと思われる場合がある。例をいくつか挙げてみよう。

投資対象の銘柄の財務状況や将来性などを詳しく分析して投資したほうが、当てずっぽうに銘柄を選んで投資するよりも優れたリターンが得られると考えている人は相当いるかもしれない。しかし、平均的な結果には何ら変わりはない。もし吟味して投資するほうが優位ならば、プロが銘柄を選ぶアクティブ運用はインデックス運用に勝てるはずだが、統計上、勝てないことが実証されている。

日本は経済が低成長だから、日本株の先行きは期待できないが、外国株に投資すればよりいい成果が得られると考えている人もいるだろう。実際、最近の米国市場では勢いよく上昇する大型ハイテク株なども目立っていた。しかし、いいときはよくても悪いときは悪い。リターンの期待が大きい分、リスクも大きく、円ベースで見たリスク調整後のリターンには大差がない。

自社株買いに前向きな企業は、消極的な企業に比べて、株価が上昇しやすいのではないかと考えている人も多いだろう。短期的にはともかく、長期的には理屈上、両社の投資収益率に大きな差は出ないはずだ。本当に成長力がある企業ならば、内部留保を配当や自社株買いなどで株主に分配せずに、事業拡大に使ったほうが株価の上昇に寄与する可能性がある。

だからといって、株式投資は無意味だとか、プロの運用担当者は存在意義がないとか、外国株投資はやめたほうがいいとか、自社株買いは自己満足にすぎないとか、そんな主張をするつもりはない。世の中は試行錯誤の連続で成り立っている。人生に意味があるかどうかはわからなくても、自暴自棄に生きればいいわけではなく、一日一日を大切に生きることが重要なのと同じだ。

積み立て投資に取り組むのはいいことだ。ただ、特定の商品を買い続ければ、金融資産に占める一商品の比率が大きくなりすぎ、家計の資産ポートフォリオがいびつになることには注意してほしい。かといって分散投資をしたところで、リーマン・ショックのようなことが起きれば、何を買っていても無駄だったという話になるかもしれない。無理して株式や投資信託などリスク商品を買い込み、想定外の損失に直面すれば、「何のために働いてきたのか」と人生をはかなんでしまう人もいるだろう。

　リスク商品を買うときには常に最大限の損失を想定し、許容できるかどうかを自問自答したうえで行動に移すべきだ。「絶対もうかる」などという話も絶対にない。個別企業の株式を買うのならば、せっかくためたお金を、世の中をよくするために努力していると思う企業の応援のために使うのが一番いいのではないかと筆者は考えている。成果がいまひとつでも、本当に投資先の企業が素晴らしい仕事をしているのならば、人生の満足が得られるのではないか。

目　次

第 1 章

それでも株式投資は面白い

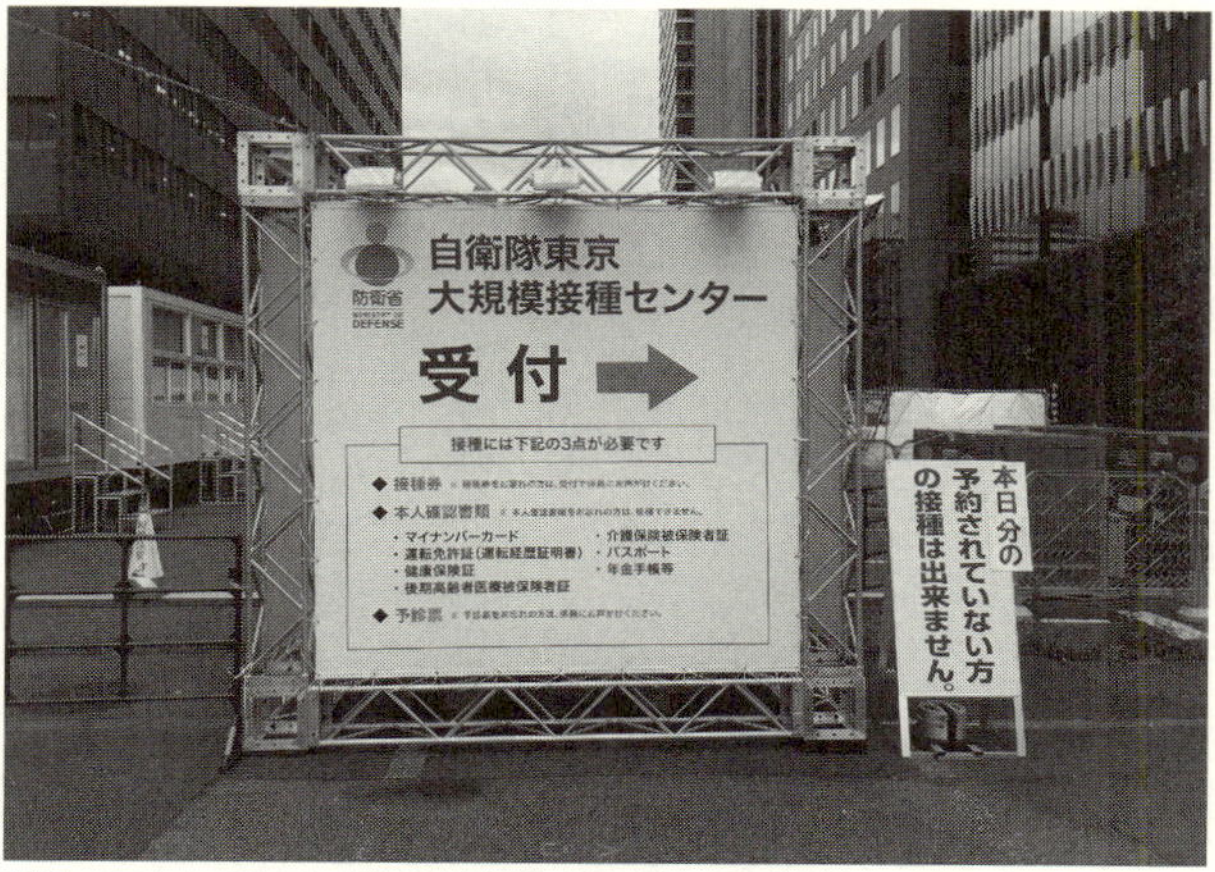

新型コロナウイルスに振り回された 2021 年の株式相場

1　「新しい資本主義」に揺れる相場

中国不動産に懸念

日経平均株価は2021年9月14日に3万670円と、1990年8月1日以来31年ぶりの高値を付けたが、その後、急速に伸び悩んだ。9月27日から10月6日にかけて8日連続安となり、10月6日終値は9月14日の水準を10・2％下回る2万7528円になった。この間、9月21日、29日、10月1日、5日と4回も日経平均が一日で600円超の下落を記録した。米国株は10月22日に最高値を更新したが、日本株の動きは鈍い（図表1－1）。

株式相場の変調は世界共通の要因と、日本特有の要因とが折り重なって起きている。9月21日の急落は中国の不動産会社、中国恒大集団（エバーグランデ）の経営危機が世界的な金融不安を招く可能性を警戒したと言われている。恒大集団は約3000億ドル（約33兆円）もの負債を抱え、海外でも資金調達をしている。社債の元利払いが滞る債務不履行（デフォ

図表1-1 政権刷新期待も株高要因

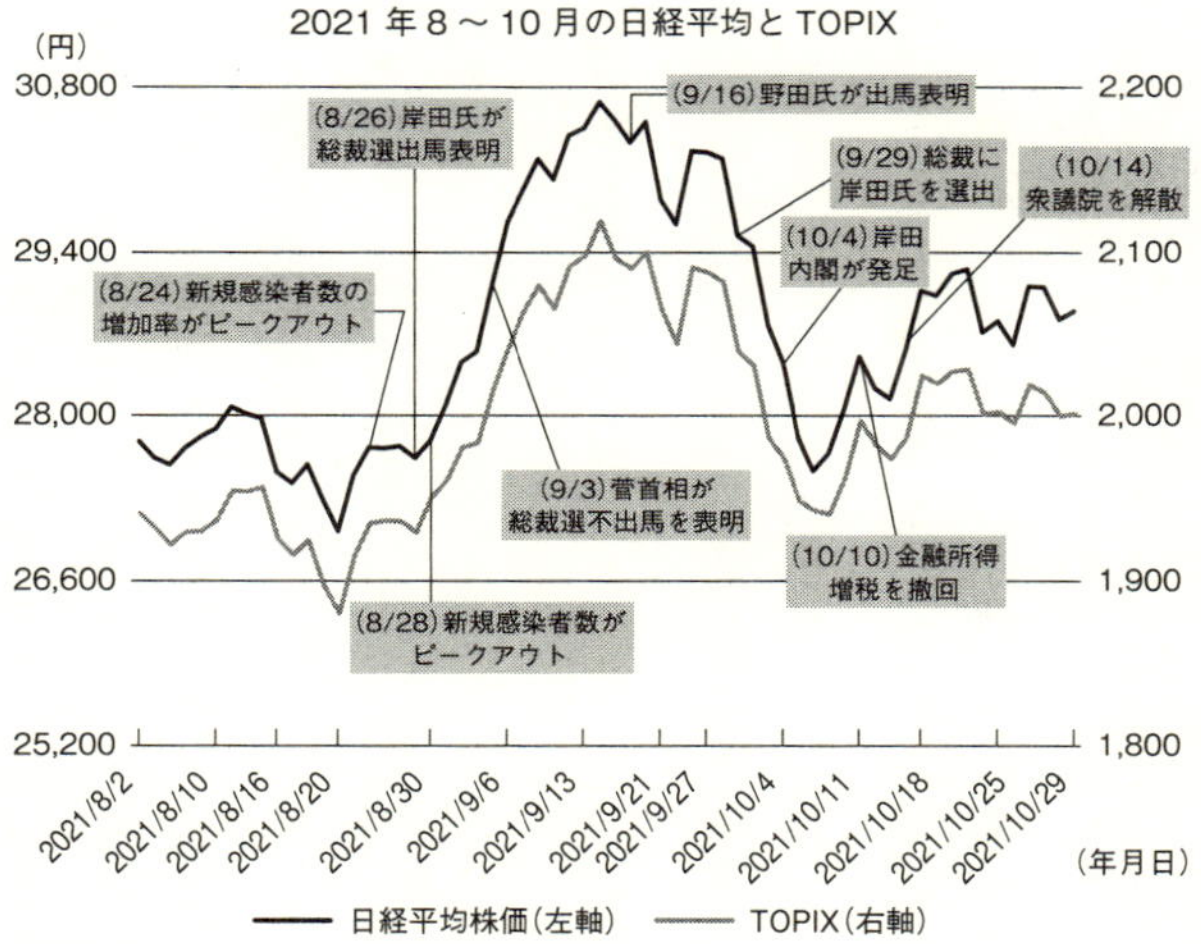

(出所) QUICK

ルト)になると、世界の金融機関の経営を揺るがす恐れがあるとの不安が広がった。

恒大集団は米フォーチュン誌が選ぶ世界の主要500企業に名を連ねている。深圳市に本社を置き、中国全土で住宅開発プロジェクトを手掛けている。綱渡りのような資金繰りで9月末段階では、何とか元利払いを続けていたようだが、10月4日には香港証券取引所が突然、恒大集団の株式の売買を停止した。「最後は中国政府が助ける」との神話も今回は通用しない恐れがあり、10月上旬には世界の主要債権者が対応策を電話で協議する場面もあった。

不動産会社の経営拡大と中国の富裕層の蓄財とは軌を一にしていた。中国の習近平政権は一部の人だけが豊かになることを否定する「共同富裕」のスローガンを打ち出している。恒大集団と同様の不動産会社はまだたくさんあるといわれ、ドミノ倒しのようなことになれば、世界の金融システムへの影響は計りしれない。10月末現在、この問題はなお行方が混とんとしている。

米国のインフレ懸念も重荷に

その不安感がくすぶっているところに、9月29日には日経平均が再び639円安と急落した。前日の米国市場で金利上昇を受けてハイテク株が大幅安になり、ダウ平均が569ドル安と急落した流れを引き継いだ。米連邦準備理事会（FRB）がコロナ下で取り組んできた金融緩和政策を後退させる方向に動いており、米国の金利が上昇しやすくなっている。

これまで「物価上昇圧力は一時的」と話していたパウエルFRB議長が、9月30日の議会証言で「供給制約が当初想定よりも長引き、価格を押し上げている」と述べるなど、発言のニュアンスを微妙に変え始めた。10月25日には国際的な原油の価格指標であるニューヨーク市場のWTI（ウエスト・テキサス・インターミディエート）期近物が2014年10月以来約7年ぶりに一時、1バレル85ドル台まで上昇した。天然ガス価格も高騰しており、世界の企業の収益を圧迫する可能性も警戒され始めた。

金利と株価との関係は一概には語れないところがある。「金利が上がれば株価が下がる」とは市場関係者の間で最近よく言われることで、9月29日の株式相場の急落も金利上昇への警戒感を示したものだが、そもそも金利が上昇するのは、資金需要が旺盛なためで、資金ニーズが高いときは一般に景気がいい。景気が良好ならば株価は上昇するのではないかと考える人も多い。

ただ、今回はさまざまな問題が市場関係者に不安を与えている。地区連邦準備銀行総裁やFRB副議長が多額の金融取引をしていたことが次々に明るみに出ており、民主党のエリザベス・ウォーレン上院議員らからの激しい追及を前に、パウエル議長は釈明に追われている。FRBは2021年11月から量的金融緩和の縮小（テーパリング）に取り組む考えを持っているが、組織としての信頼が揺らぐなかで、市場との対話がきちんとできるのか、一抹の不安を拭えない。

さらに日経平均は10月1日にも681円下落したが、このときに市場で語られたのは、米国の連邦政府の債務上限引き上げ交渉の難航だった。米国では与野党が合意して債務上限を引き上げないと、新たな国債を発行できず、手元資金でのやりくりを迫られる。不足すれば政府機関の窓口が閉鎖されたり、国債の利払いができなくなったりする。

政争のタネになりやすく、いつも瀬戸際の交渉をして市場に不安を投げかけるのだが、今回も同様の展開になり、結局、10月12日に4800億ドル（約53兆円）引き上げる法律が成立した。当面の資金は確保できたが、2021年12月にはまた資金不足となり、この議論が再燃することになりそうだ。

成長と分配の好循環というが……

中国の不動産大手の経営危機と米国のインフレ懸念は世界の株式相場に共通した話だが、日経平均の10月5日の622円安は前日に発足した岸田文雄内閣の政策を懸念しての下げだった。「新しい資本主義」を唱え、「成長と分配の好循環」を目指すとしたが、同時に「新自由主義からの転換」を訴えたため、市場関係者は成長を二の次とした分配重視の政策ととらえた。

岸田首相の誕生に先立つ自民党総裁選では、市場関係者が想定していたのは、構造改革路線を唱える河野太郎新総裁の誕生だった。2021年8月下旬からの日経平均の推移を振り返ると、日本株が反転・上昇に転じたのは、いくつかのシグナルに市場が前向きに反応したからだ。まず8月24日に全国の新型コロナウイルスの新規感染者数（7日移動平均）の増加率がピークアウトした。増加の勢いが鈍ってきたシグナルだ。8月26日に岸田氏が自民党総裁選への出馬を表明した。菅義偉前首相の無投票再選シナリオが崩れ、政権刷新への期待が芽生えたのだ。

8月28日にはまだ2万人台と水準自体は高かったものの、新型コロナの新規感染者数（7日移動平均）自体がピークアウトした。9月3日には菅前首相が自民党総裁選への不出馬を表明した。これで自民党総裁選を経て首相が交代することが確実になり、株式市場は新首相の経済政策への期待を強めたと考えられる。

図表1-2　感染者の増加が株高に

（注）全世界株指数はMSCIのドルベース配当込み指数
（出所）世界保健機関（WHO）、MSCI

この間の日経平均の上昇は世界でも群を抜いていた。というか、それまで米国をはじめ、世界の株式相場はじりじりと上昇していたのに、日経平均は２０２１年2月16日に付けた年初来高値３万４６７円をピークに伸び悩み、医療崩壊などが懸念されて8月20日には２万７０１３円の年初来安値まで売られていた。連日の最高値更新が話題になっていた米国株などに比べて大幅に出遅れていたのだが、急速に失地を回復しつつあったともいえる（図表１－２）（図表１－３）。

ところが、回復相場は9月14日の３万６７０円まで。振り返ればこの日、野田

図表1-3 日本は株価が足踏み

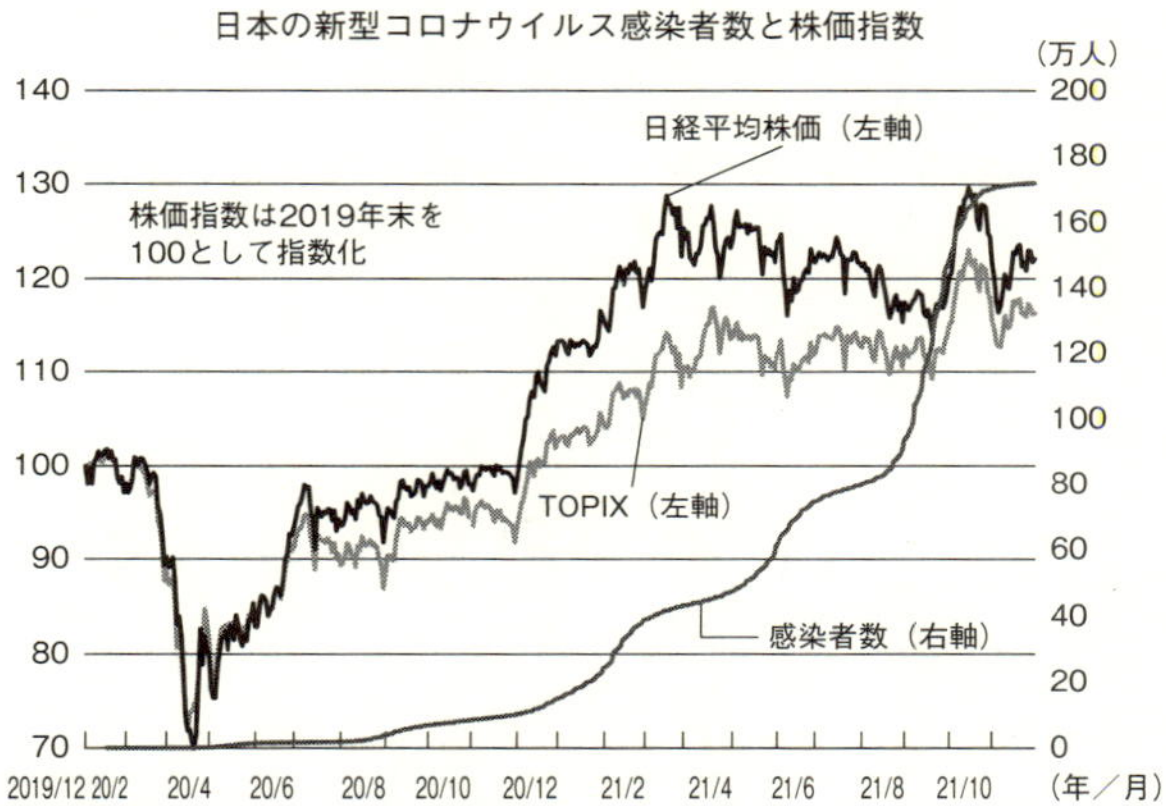

（出所）世界保健機関（WHO）、QUICK

聖子幹事長代行（当時）が総裁選立候補に必要な20人の推薦人確保に向けて最終調整していると報じられた。野田氏が立てば票が割れるため、1回目の投票で河野候補が過半数の票を集めて総裁の椅子を手に入れるというシナリオが崩れてしまう。市場関係者が期待していた河野首相の誕生が難しくなったことから、株式市場でも売りが出始めたのである。

10月5日の急落は岸田首相が金融所得課税の強化をメニューの1つにあげたことも足を引っ張った。株式のキャピタルゲインや配当所得への税率は現在、復興特別所得税を含めて20・315％だが、これを25％あるいは30％に引き上げようというのだ。ただ、10月10日にはテレビ番組で「当面触ることは考えていない」と事実上の撤回をしたため、問題は収まりつつある。

岸田内閣の誕生に対して株式市場は強烈な「売り」で反応したが、今後の動向は岸田首相が唱える「新しい資本主義」の中身次第だろう。10月8日の所信表明演説で使用した言葉を分析すると、「分配」は12回出てきたが、「改革」はゼロだったという。自民党総裁選で河野候補が唱えていた年金制度改革については、これまでのところ、まったく触れていない。

振り返れば、構造改革路線を突き進んだ小泉純一郎首相が2006年9月26日に自民党総裁の任期満了によって退任し、その余韻もあって2007年7月9日に1万8261円まで上昇した日経平均は、2008年9月のリーマン・ショックに先立つ2008年3月17日の段階で1万1787円まで下落（リーマン・ショック後の2009年3月10日には7054円まで下落）した。改革後退を嫌気した下げ相場だったともいえるが、さすがにこの繰り返しは今回は避けられるのではないか。「人の話をよく聞くこと」が取柄という岸田首相の聞く耳に期待したい。

2 日経平均が31年ぶりの高値に

上昇基調を早晩取り戻す

筆者は株式のストラテジスト（投資戦略家）ではないので、株式相場の先行きに関する見方などは参考にならないと思うが、岸田首相が新自由主義からの転換を訴えたとしても、日本社会は分配重視の方向には走っていかないと考えている。もし多くの国民が「新自由主義は間違いだ」と感じているのならば、野党の支持率がもっと高まってもよさそうだが、10月31日に投開票日を迎えた衆議院議員選挙でも、そんな気配はあまり見えなかった。分配はもちろんしてほしいが、その前に分配の原資を増やすための成長基盤を整えてほしいというのが、まだ過半の国民の願いではないだろうか。

さまざまな観点から日本経済は構造改革のチャンスを迎えている。第一に、農業なども含めていろいろな事業が世代交代期を迎えているから、これまでのやり方が通用しないのならば、もうやめてもいいと思っている人が多い。第二に、かつてに比べればベンチャーキャピタルなども育ち、担保がなくても事業化が見込める有望なアイデアには資金が付きやすくなっている。第三に、「男は仕事、女は家庭」といった古来の役割分担は消え、社会の変化に柔軟に対応しながら職業能力を磨いて生きていきたいと考えている男女が増えている。第四に、新型コロナウイルスの流行を機にテレワークを導入する企業が増え、人材が大都市圏に集中する必要性が薄れている。

日本経済の成長の足を引っ張っていた制度や慣習にも、厳しい目を向けられるだろう。2021年のノーベル物理学賞を受賞した真鍋淑郎・米プリンストン大学上席研究員は、日本の研究環境について「最近の日本の研究は、以前に比べて好奇心を持って研究することが少なくなっているように思います。日本では、科学者が政策を決める人に助言する方法、つまり両者の間のチャンネルが互いに通じ合っていないと思います。米国はもっとうまくいっていると思う」（2021年10月6日付朝日新聞電子版）と話している。

頭脳流出を防ぎ、新技術の開発によって日本の成長力を維持することは切実な問題であり、今度こそ、日本の科学技術政策を大きく転換させる方向に動いていくのではないだろうか。日本の大学の競争力が落ちてきたのも、政策がまずいからであり、転換を迫る声が高まりそうだ。

だから、岸田内閣が唱える「新しい資本主義」が分配を強く意識するものであっても、同時に成長基盤を整える政策が伴わなければ、国民は納得しないだろう。その意味で規制緩和や構造改革が止まるなどということはなく、一時動揺した株式相場もおのずと、再び上昇基調を取り戻すのではないかというのが、筆者の見立てだ。

高値奪回を目指す動き

２０２１年の東京株式相場を振り返ると、２０２０年から引き継いだ株価上昇の勢いが２月にいったん止まり、８月中旬にかけてもたついたが、その後、新型コロナウイルスの新規感染症数の減少と政権刷新への期待から、９月14日に日経平均は３万６７０円と、１９９０年８月１日の３万８３７円以来31年ぶりの高値を付けた。

１９８９年末に記録した３万８９１５円から、リーマン・ショック後の２００９年３月10日に記録した７０５４円までの下げ幅（３万１８６１円）の74％を戻したことになる。

チャート的には半値戻し（2万2985円）も3分の2戻し（2万8295円）もすでにクリアしたわけだから、1989年末の最高値奪回が視野に入ってきたといえるだろう。

それにしても長い道のりだった。株式相場の長期低迷として知られているのは、1929年10月24日の「暗黒の木曜日」の大暴落で始まった世界恐慌時の米国市場の値動きだといわれている。実はこの日は午前中に大きく下げたものの午後に戻し、結局、ダウ工業株30種平均は前日の305ドル85セントから299ドル47セントへ6ドル38セント（2・1％）下げただけだから、なぜ「暗黒」と呼ぶのかは不可解だ。

ただ、ダウ平均は翌月曜日（10月28日）に38ドル33セント（12・8％）下落し、その翌日（10月29日）に30ドル57セント（11・7％）下落した。この連日の急落を予感させるような出来事が10月24日にあったのかもしれない。

当時のダウ平均の高値は9月3日に記録した381ドル17セントだった。そこから軟調相場が始まり、「暗黒の木曜日」なども交えて下げが止まらなくなったのだ。安値は1932年7月8日に記録した41ドル22セント。つまり、3年弱の間に高値から89・2％も下落したことになる。再び高値を奪還したのは1954年11月23日のことだった。回復までに25年2

図表1-4 回復遅れる日経平均

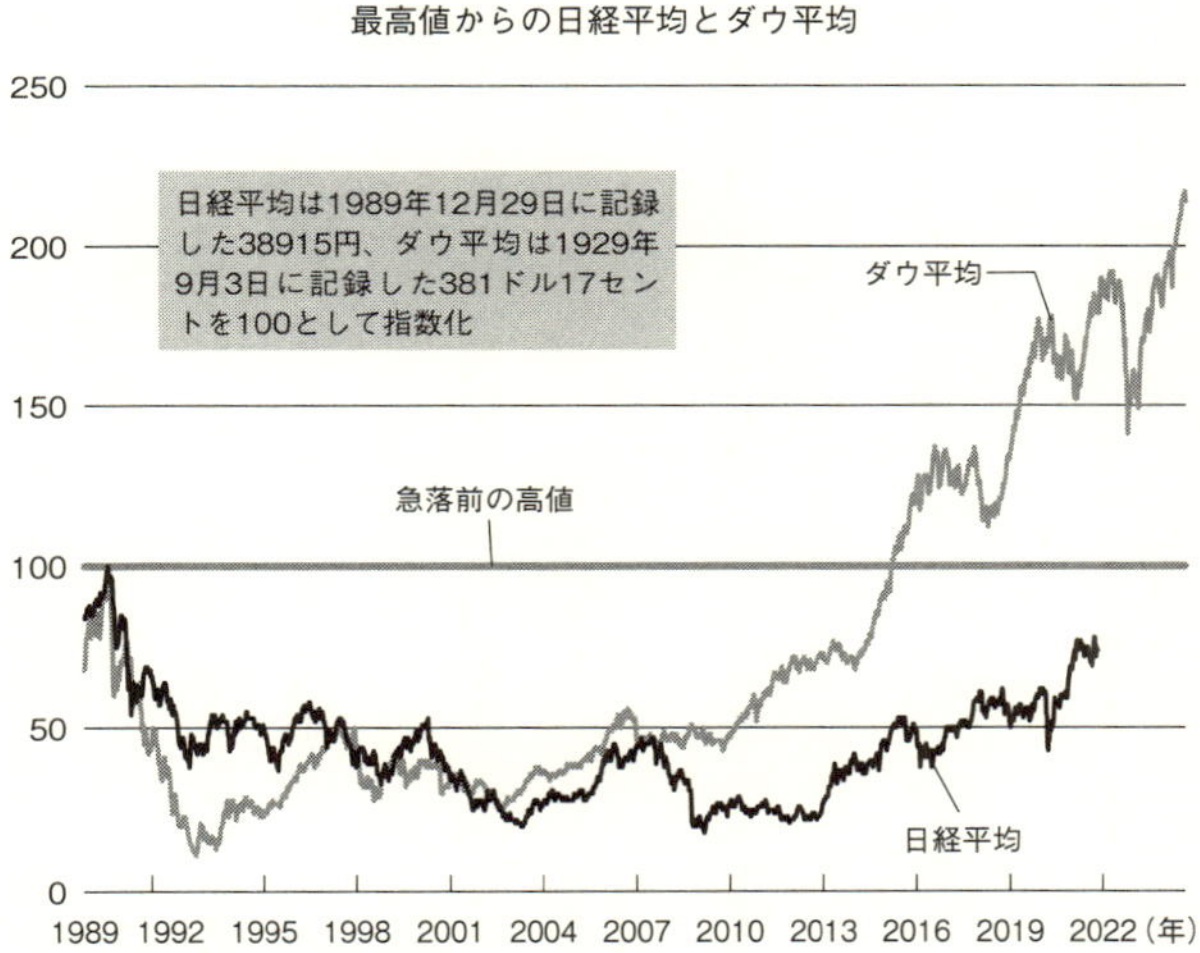

（出所）各種データから筆者作成

カ月余がかかったことになる。

米大恐慌時より回復に時間

図表1－4に示す通り、今回の東京株式相場の調整は最高値から31年10カ月がすぎても、まだ全値戻しをしていない点で、大恐慌時の米国相場よりもたついている。確かに高値から安値までの下落率は81・9％と当時の米国株に比べて「軽微」だった。しかし、米ダウ平均は暴落前の高値からの31年10カ月後までには705ドル96セント（1961年5月19日）まで上昇する場面もあっ

た。暴落前の高値を85・2％上回る。日経平均も同率上昇していたならば、7万2000円ほどになっているはずだ。

日経平均が当時のダウ平均に比べて回復に時間がかかっている理由については、専門家の分析が待たれるが、日本では不良債権処理に10年以上の時間がかかり、その後も経済の低成長が続いたことが株式相場の足を引っ張った可能性がある。財政が悪化するなかで経済政策もアクセルとブレーキの使い分けが下手だったのではないか。

バブル崩壊前まで日本の製造業は世界の市場を席巻していたが、その後は新興国・地域が台頭するなかで次第に優位性を失っていった。戦後の高度成長期の成功体験が忘れられず、企業が構造改革に手間取った点も、日本株が投資魅力を失う一因だった。政策面でも優勝劣敗を促すような政策よりも、競争力を失った企業を延命させるような政策が多かった。円安政策や日銀による上場投信（ETF）の買い入れは、経済の構造改革を促すという観点からは逆効果だった。

戦争景気や戦後の復興需要にも支えられた米国の株式相場と同列には比較できないが、日経平均が31年ぶりの高値を回復し、さらに上昇をうかがっているのは、やや逆説的に言えば、新型コロナウイルスの流行が経済を若返らせた面もあるだろう。デジタル化や年金制度改革など、やるべきことをやっておかないと、日本はもうダメになると感じている国民も多いはずだ。

3 日本に強みはあるのか

企業業績が上方修正

新型コロナウイルスの流行が株式相場の足を引っ張ったかというと、2020年4月以降の株式相場の動きを振り返ると、むしろ逆だった。感染症の広がりが経済への打撃になるのを防ぐため、世界の金融当局が金融緩和に思い切りアクセルを踏み込み、財政当局も困窮した企業や個人に補助金などを大盤振る舞いした。その過剰流動性が株式相場になだれ込んだのである。

企業業績は2019年度が底で、その後は回復基調をたどっている。2021年秋には業績見通しが大幅に上方修正された。図表1－5は2021年9月17日までに出そろった証券大手3社のアナリストらによる主要上場企業の業績見通しだ。経常利益の2021年度の伸び率見通しをみると、野村証券が30・6％、大和証券が33・6％、SMBC日興証券が28・1％となっている。

これらは7月下旬から8月にかけて3月期決算上場企業が発表した第1四半期（4～6月期）の決算を踏まえ、アナリストらがまとめたものだ。個人投資家は企業自身が決算短信などに書く業績見通しを知ることはできるが、企業は一般に慎重だから、見通しは控えめになりがちだ。アナリストらは証券会社に所属しているから、多少強めのバイアスがかかるかもしれないが、見通しを当てることで勝負をしている人たちだ。

証券大手3社は3カ月前の2021年6月にも4月下旬から5月にかけて発表された2020年度の本決算を踏まえ、2021～22年度の業績見通しをまとめた。そのときの2021年度の経常利益の伸び率を振り返ると、野村証券が21・6％、大和証券が18・2％、SMBC日興証券が17・4％になっていた。

わずか3カ月の間で9ポイントから15ポイントも上方修正するのはあまりないことで、そ

図表1-5　証券大手３社の企業業績見通し（2021年9月）

	売上高			経常利益			純利益		
年度	20	21	22	20	21	22	20	21	22
野村証券（9月6日）									
全産業（310）	▲7.5	11.8	3.3	5.6	30.6	10.9	18.3	34.1	11.4
製造業（173）	▲8.0	15.1	3.7	7.6	46.6	9.7	16.4	51.5	9.3
非製造業（137）	▲6.8	7.7	2.8	3.3	12.0	12.8	20.7	13.5	14.6
大和証券（9月9日）									
全産業（200）	▲7.3	11.5	5.2	12.5	33.6	4.7	29.0	35.5	3.7
製造業（111）	▲7.4	16.0	4.3	15.9	49.9	6.7	23.8	55.1	6.3
非製造業（89）	▲7.1	4.3	7.0	9.1	15.9	1.9	35.0	14.6	▲0.1
SMBC日興証券（9月17日）									
全産業（230）	▲7.3	10.4	3.0	9.2	28.1	7.7	22.4	31.3	6.7
製造業（129）	▲7.5	12.9	2.1	18.2	40.4	7.1	26.2	43.4	4.7
非製造業（101）	▲7.0	6.3	4.5	0.2	13.6	8.6	17.8	15.7	9.9

（注）単位%、▲は減、カッコ内は集計対象企業数、金融は除く。SMBC日興証券の増収率は卸売り10社も除く
（出所）各社ホームページ及びヒアリング

れだけ企業の経営環境が好転していることを示している。外国人投資家は日本企業の業績回復のペースが欧米企業ほどではないと考えて、日本株買いに慎重だったが、２０２１年夏の業績見通しの上方修正をみて、買い意欲を強めている。これも日経平均が９月に再び３万円に乗せ、31年ぶりの高値を更新する原動力になった。

低い若者ニート率

原油高のなか、さらなる上方修正は期待薄かもしれないが、中長期的に日本の強みとなりそうな要素もある。主に国内市場を相手にしている企業は少子高齢化をどう乗り越えるかが課題だが、世界一厳しいとまでいわれる日本の消費者の視線を浴び、洗練した商品やサービスを提供していることにもっと自信を持っていいように感じる。格差拡大の是非は別として、世界に富裕層が増えれば、日本の消費者が受け入れている商品やサービスに対して、世界からの注目が集まるはずだ。

日本の若年ニート率が相対的に低いことも、将来に向けての強みになると思われる。ニート（ＮＥＥＴ）は就業、就学、職業訓練のいずれもしていない人を指している。国際労働機関（ＩＬＯ）の調査では日本の２０１９年の15〜24歳のニート率は３・11％と世界で最も低い（図表１－６）。経済協力開発機構（ＯＥＣＤ）の同様の統計では日本のニート率がもっと高く出ている（15〜29歳で２０１５年に10・１％）ため、必ずしも安心できないかもしれないが、それでも世界の平均に比べればかなり低い。

若いころに社会参加をしていないと、生涯にわたって仕事に就きにくい傾向があり、人数が多いと社会が不安定になる恐れもある。労働争議が少ないこと、経営者と一般社員との間の賃金格差が小さいことなども日本企業の特徴だ。45歳定年制の導入を提言する人もいるが、企業の日常業務を必死で支え、スキルを磨く余裕もなかった人が、人生半ばで職場から追い出されるような社会を、日本人が受け入れるかどうかはわからない。

女性活躍の観点では日本は立ち遅れを指摘されることが多い。しかし、一部の途上国のように女性には十分な教育が施されず、貧困なままに放置されているというわけではない。十分な教育を受けた人たちが活躍の機会を待っているといってもいいだろう。女性活躍の余地が大きいということは、日本に成長ののりしろがまだまだあるということだ。

図表1-6　主な国・地域の若者ニート率

国・地域	調査年（年）	若者ニート率（%）
日本	2019	3.11
シンガポール	2020	4.46
オランダ	2020	4.52
ノルウェー	2020	4.90
スイス	2020	6.36
スウェーデン	2020	6.47
ドイツ	2020	7.43
香港	2020	9.12
英国	2019	10.52
フランス	2020	11.38
ニュージーランド	2020	12.93
スペイン	2020	13.87
米国	2020	13.89
タイ	2020	15.13
ベトナム	2020	15.40
カナダ	2020	17.93
フィリピン	2020	18.62
イタリア	2020	18.93
インドネシア	2020	21.76
世界平均	2019	22.29
アルゼンチン	2020	22.33
ブラジル	2020	25.39
エジプト	2019	27.95
インド	2020	28.23
トルコ	2020	28.32
南アフリカ	2020	32.40
アフガニスタン	2020	53.76

（注）若者ニート率は15歳から24歳までで就業、就学、職業訓練のいずれもしていない人の比率
（出所）国際労働機関（ILO）

4　警戒感も心の片隅に

日本株の位置付けは後退した

機関投資家が株式投資のポートフォリオを組むときに、かつては地理的に分散するのが一般的だった。米国株が○％、欧州株が○％、日本株が○％などと基本配分を決めるわけだ。ところがいまや世界の機関投資家を見渡しても、日本株への配分比率を特別に設定しているようなところはほとんどないといわれている。

世界の株式時価総額に占める日本株のウエートが高かったころは、日本株の騰落が株式運用全体の成績を左右する可能性があったので、日本株という区分を設けてウエートを定め、日本株の先行きがどうなるかを分析することにそれなりの意味があった。日本株に詳しい専門家なども雇っていた。

しかし、いまや日本株のウエートは６％前後にすぎず、２０２１年10月25日にはバブル崩壊後最低の5・43%まで低下する場面もあった。日本株がどうなろうが、株式運用全体への影響は知れているわけで、専門的に分析する担当者も不要になり、基本配分を決めておく必要性も薄れた。騰落率の点でも見劣りすることが多いのだから、なおさらである。

かつてのように来日してコツコツと企業を回り、埋もれている価値に注目して資金を振り向けるような外国人投資家がまだいるのかどうかわからない。アナリストは不在でも日本株にインデックス運用をする投資家はいるだろうし、人工知能（ＡＩ）の判断で組み入れ銘柄を選ぶ投資家もいると思われる。しかし、もう日本株というカテゴリーはなく、アジア株の一角という位置づけではないだろうか。

もちろん日本の証券会社のアナリストは、自らの存在意義を賭けて、日本企業の優れた点の発掘に努め、世界の投資家に売り込んでいるのだろう。探せば面白い企業もあると思う。ただ、時価総額ウエートが大幅に低下した日本株が、全体として再び浮上する日が来るのかどうかはわからない。

かつては日本には理工系を中心に、製造現場を支える優れた専門人材の厚みを誇っていた時代もあった。戦前から製造業で働く人材を養成する重層的な教育制度が整っていた。製造現場ではトップから新人まで全員が同じユニホームを着て働く一体感があり、世界がうらやむような高品質な製品を生み出す原動力になっていた。

時代は下り、外国人株主が増え、もっと株主利益を重視した効率的な経営をするようにとの圧力も高まってきた。ただ救いはこうした声にも適切に対応しながら、これまでに蓄積してきた強みを失わないように、懸命に頑張っている企業経営者も多いと思われることだ。日本株は変化率が小さいから世界の株式市場での注目度はいまひとつだが、世界の主要機関投資家の株式ポートフォリオにはそこそこ入っていると思う。

「バフェット指標」に過熱感

もうひとつ投資家が考えておかなければいけないのは、昨今の株式相場の水準が従来の尺度からみて、高すぎるのではないかという点だ。バブルの崩壊とはいわないまでも、いつ、行き過ぎた部分が修正されるかはわからない。株価水準がいくらであるべきかなどという合理的な計算式はないかもしれないが、かつて米国の著名投資家のウォーレン・バフェット氏は株式市場の時価総額が名目国内総生産（ＧＤＰ）の１００％を超えるかどうかを、過熱感

図表1-7　過熱感示すバフェット指標

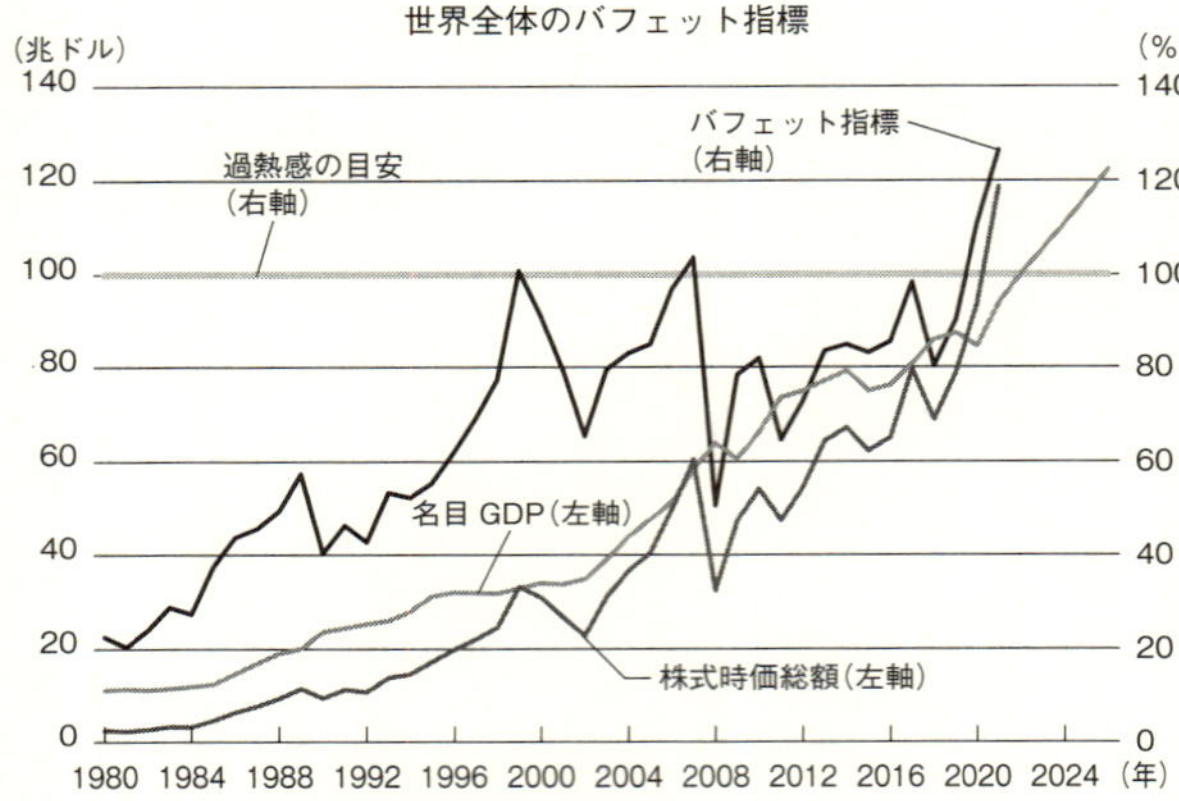

(出所) 世界取引所連盟 (WFE)、国際通貨基金 (IMF)

の有無をみる目安にしていた。

この「バフェット指標」を今の米国の株式相場に当てはめると、200%をちょっと超えたところにある。上場企業は7つの海に出ていって世界でビジネスをしているのだから、企業業績を反映する株価が名目「国内」総生産にとらわれる必要はないだろうと考えれば、株価水準がバフェット指標を無視する高さになっても、別段、警戒する必要はないのかもしれない。

しかし、国や地域ごとにバフェット指標を算出したとして、国や地域ごとにその数値にでこぼこがあることを認めたとしても、世界全体の株式時価総額を世界の国内総生産合計額で割った値がどこまでも上昇していった場合、これは正当化できるのだろうか。図表1－7は世界全体のバフェット指標の推移を示したグラフだ。傾向的に右肩上がりになっているのは、公営事業の民営化などで上場企業が増えたことを反映していると考えられる。

しかし、2017年までは過熱ゾーンと妥当ゾーンの境目を示す100％のところで、時価総額は頭打ちになっていた。具体的にはIT（情報技術）バブルが膨らんだ1999年には101％で、住宅バブルが膨らんだ2007年には104％で跳ね返され、2017年も98％までの上昇にとどまった。しかし、コロナ下の2020年には111％まで上昇し、2021年10月中旬には130％まで上昇した。

この水準が持続可能かどうかはわからない。「桐一葉落ちて天下の秋を知る」。豊臣政権の奉行のひとりだった片桐且元が淀君の不興を買い、解任されたときに歌った句だといわれている。立花証券の石井久元会長が「独眼流」のペンネームで株式新聞に寄稿したときに引用し、1953年のスターリン暴落を予見したことから、年配の市場関係者はこの句をよく知っている。

日々の値動きに一喜一憂している人も多いだろうが、「強気相場は悲観の中に生まれ、懐疑の中で育ち、楽観とともに成熟し、幸福のうちに消えていく」という格言もある。米国生まれの著名投資家、ジョン・テンプルトン氏の言葉とされている。警戒心は常に持っておきたい。

第 2 章

「外国株はいい」の誤解

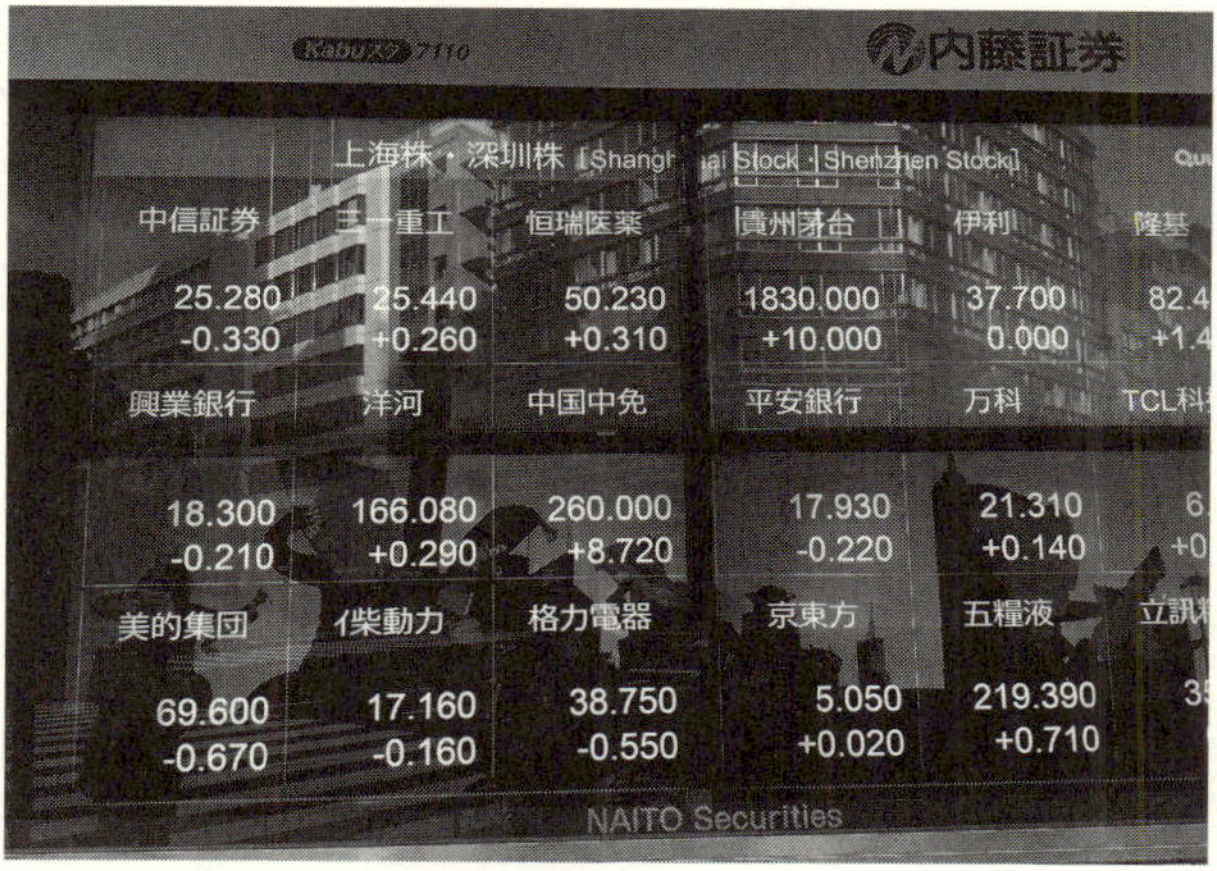

株価ボードで中国株を紹介する証券会社も

1　外国株は日本株よりももうかるか

リスクの高さ忘れずに

株式市場に関する講演などにたまに招かれることがあり、日本企業や東京市場の課題をお話しすることがある。質疑応答の段になってほぼ必ず出てくるのが、「私も日本株は先行き難しいと感じるが、米国株や成長力あふれる新興国の株式を買えば、ある程度のリターンが期待できるのではないか」という質問だ。

「そうですよね。日本経済は少子高齢化で押し潰れそうだけれども、海外には人口構成も若く、これからだという国がたくさんありますから、投資先にはこと欠きませんよね」とでもお答えすれば、たぶん質問の主は納得してくれるだろうが、実のところは間違った答えではないかと不安になる。

というのは、確かに成長力あふれる国の株式は日本株に比べて収益チャンスはあるかもしれないが、その分、当てが外れて損失を被るリスクも大きいはずだからだ。何しろ日本から円建てで投資する場合の出発点は、「ノーリスクならばノーリターン」だ。リスク・リターンの関係を示す無差別曲線はすべてここから引かれている。短期的にはよく見える市場も、長期的に考えれば、リスク調整後のリターンは同じはずである。

本当かと言われるかもしれないので、いくつかのデータを示しておきたい。図表2－1は戦後の日経平均株価、米ダウ工業株30種平均、円の対ドル相場、円換算のダウ平均の推移を示している。日本の投資家にとってどうかという観点から議論をしたいので、日経平均と円換算のダウ平均の数値を取り上げてみよう。

日経平均は1950年末に101・91円、2020年末に2万7444・17円だったので、この70年間で269倍になった。一方、円換算のダウ平均は1950年末に8万4748円、2020年末に316万2568円だったので、この70年間で37倍になった。どちらの株式を買っていたほうがよかったのかと言えば、圧倒的に日本株だった。

とはいえ「バブル崩壊後の日本株はさえなくて、米国株のほうがずっとよかった。これからもこの傾向が続くのではないか」と考える人もいるだろう。実際、図表2－2のように日

図表2-1　戦後の日経平均株価とダウ工業株30種平均

年	日経平均（円）	ダウ平均（ドル）	円相場（円／ドル）	円建てダウ平均（円）	日本株が勝った場合に○
1950	102	235	360	84,748	
1955	426	488	360	175,824	○
1960	1,357	616	360	221,720	○
1965	1,418	969	360	348,934	
1970	1,987	839	360	302,011	○
1975	4,359	852	305	260,121	○
1980	7,116	964	203	195,786	○
1985	13,113	1,547	200	309,721	○
1990	23,849	2,634	136	357,519	○
1995	19,868	5,117	103	528,496	
2000	13,786	10,788	114	1,233,476	
2005	16,111	10,718	118	1,263,379	○
2010	10,229	11,578	82	945,535	
2015	19,034	17,425	120	2,098,322	
2020	27,444	30,606	103	3,162,568	

（注）日米の比較は日経平均と円建てダウ平均との5年間の騰落率の比較
（出所）QUICKほか

経平均と円換算のダウ平均の騰落率を5年ごとに比較すると、1990年末を境にそれまでは日経平均のリターンが米ダウ平均を上回ることが多く、その後は米ダウ平均のリターンが日経平均を上回ることが多かった。

大差がついているわけではない

ただ、2000年末からの5年間は日経平均が勝っていたし、2005年以降は日経平均が負けていたが、大差がついていたわけではない。今後はどうかと問われれば、「わかりませんね」というほかないのではないか。「円換算した米国株のほうが優位な状況が続く」などと断言できる人はどこにもいないのではないだろうか。

もう一つの例をあげよう。図表2－3は世界82カ国・地域の株価指数の円換算値の長期騰落率を大きい順に並べたものだ。2005年末から2021年10月22日までの15年10カ月弱の状況を示している。日経平均はこの間に79%上昇し、米ダウ平均の円換算値は221%上昇したから、銘柄にもよるが、米国株に投資した人は総じて正解だっただろう。

しかし、今から振り返れば、「中国や米国やドイツやインドはよかった。韓国は日本と同

図表2-2　リターンが高かったのは

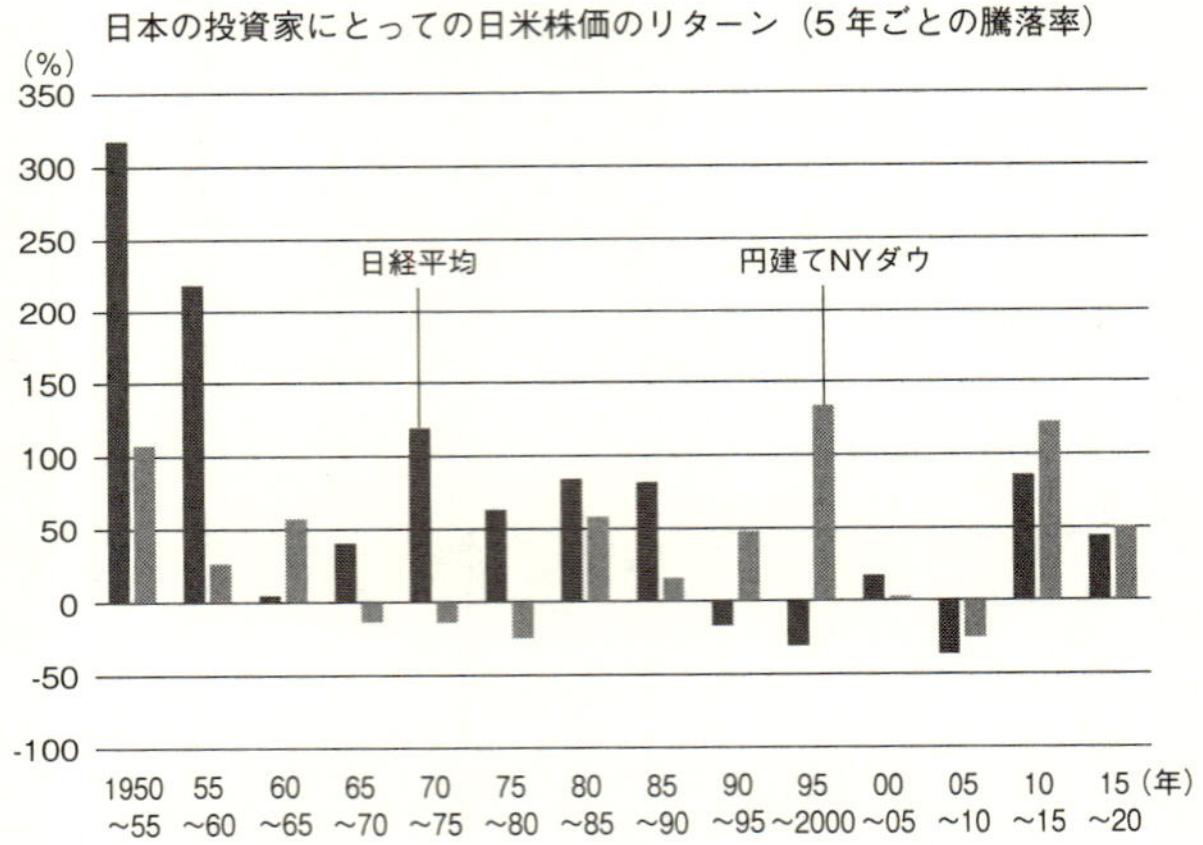

（出所）QUICKほか

程度で、オーストラリアやフランスや英国はダメだった。トルコはほぼ半値になった」などと勝手なことを言えるが、2005年時点で15年後にこうなることを予想できたのかと言えば、はなはだ心もとないだろう。

情報が比較的入手しやすいこともあって、日本の投資家は米国株が好きだから、外国株投資と言えば、まず米国株を頭に浮かべる人が多いのかもしれないが、全世界を見渡せば、日本株がダメで外国株がいいなどとは簡単に言えないのではないだろうか。米国株だってこの先、どうなるかわからない。

図表2-3 世界の株価指数の長期騰落率ランキング

順位	国・地域名	騰落率	順位	国・地域名	騰落率
1	ベネズエラ	991459	42	マレーシア	55
2	イラン	2823	43	南アフリカ	53
3	モンゴル	1546	44	フィンランド	49
4	デンマーク	341	45	フランス	35
5	インドネシア	282	46	ルーマニア	32
6	中国・上海	276	47	チリ	27
7	ペルー	263	48	ブラジル	25
8	フィリピン	250	49	スロベニア	20
9	米国	221	50	ベルギー	13
10	バングラデシュ	215	51	アイルランド	8
11	イスラエル	213	52	ナミビア	6
12	ベトナム	204	53	カタール	3
13	ノルウェー	203	54	英国	▲1
14	台湾	193	55	ルクセンブルク	▲1
15	エストニア	178	56	オーストリア	▲2
16	タイ	173	57	チェコ	▲3
17	ドイツ	173	58	クロアチア	▲4
18	インド	172	59	ボツワナ	▲8
19	スリランカ	152	60	スロバキア	▲9
20	スイス	121	61	オマーン	▲21
21	スウェーデン	119	62	スペイン	▲21
22	ニュージーランド	110	63	バーレーン	▲23
23	リトアニア	104	64	コロンビア	▲24
24	チュニジア	103	65	レバノン	▲24
25	ラトビア	82	66	マルタ	▲26
26	韓国	81	67	イタリア	▲29
27	モーリシャス	81	68	サウジアラビア	▲32
28	日本	79	69	バミューダ	▲33
29	オランダ	77	70	ブルガリア	▲33
30	カザフスタン	76	71	ポルトガル	▲36
31	ハンガリー	75	72	エジプト	▲38
32	カナダ	70	73	ナイジェリア	▲47
33	香港	69	74	トルコ	▲50
34	シンガポール	67	75	セルビア	▲50
35	アルゼンチン	66	76	ヨルダン	▲52
36	ポーランド	62	77	ボスニア	▲58
37	オーストラリア	61	78	UAE	▲62
38	ロシア	61	79	ケニア	▲69
39	ジャマイカ	58	80	ウクライナ	▲72
40	パキスタン	58	81	ギリシャ	▲77
41	メキシコ	58	82	アイスランド	▲90

(注) 2005年末から2021年10月22日までの株価指数の円換算値ランキング。単位%、▲は下落
(出所) ブルームバーグほか

投資先を地域ごとに分散しておけば、何かあったときに救われる可能性があるとの判断から、外国株投資をすることが悪いというわけではない。しかし、外国株が日本株よりもリターンが大きいかどうかは何ともいえないだろう。

2　現地通貨ベースと円換算ベース

高金利国のリスク

ゼロ近辺の経済成長が続く日本に比べて、海外のほうが一般に経済成長率が高いのに、なぜ外国株が日本株よりも優位だと明言できないのだろうか。これに対する答えは一言でいえば「相場は生き物だから」ということになってしまうが、株価の議論をする前に、金利でものごとを考えてみよう。

金利水準がどう決まるかなどを議論し始めると、難しい話になってしまいそうだが、図表2－4が示すように、経済成長率が高い国のほうが一般に金利水準が高い。つい最近までマ

図表2-4 主な国・地域の10年物国債の利回り

国・地域	利回り		国・地域	利回り	
	10月25日	9月10日		10月25日	9月10日
トルコ	20.465	17.305	タイ	1.954	1.672
ブラジル	12.085	11.065	オーストラリア	1.764	1.257
南アフリカ	9.560	8.855	シンガポール	1.747	1.409
ロシア	7.930	7.015	カナダ	1.642	1.237
メキシコ	7.641	7.167	米国	1.631	1.333
チリ	6.540	5.530	香港	1.477	1.074
インド	6.350	6.180	英国	1.137	0.758
インドネシア	6.246	6.221	イタリア	0.923	0.703
フィリピン	4.990	4.193	スペイン	0.514	0.331
マレーシア	3.645	3.268	台湾	0.513	0.405
中国	3.003	2.884	フランス	0.223	▲0.001
ニュージーランド	2.438	1.905	日本	0.097	0.043
韓国	2.426	2.026	スイス	▲0.077	▲0.302
ベトナム	2.057	2.027	ドイツ	▲0.114	▲0.331

（注）単位%、▲はマイナス、日付は2021年
（出所）Investing.com

ネー雑誌などには、トルコや南アフリカなど高金利国の国債投資や預金を勧誘する広告があふれていた。

しかし、高金利に引かれてお金を振り向けても、外国為替市場で通貨が急落して、結局、円ベースでは元本割れになったという経験をした人も多かったのではないか。こうしたリスクが知れ渡ったのか、最近は高金利に引かれて投資する人はあまりいない。広告もおのずと見当たらなくなった。

図表2-5　高金利国投信の運用成績

ファンド名	運用会社	純資産総額	リターン（年率）		
			1年	5年	10年
ニッセイ高金利国債券ファンド	ニッセイAM	230.44	0.83	3.51	3.97
高金利ソブリンオープン	三井住友トラストAM	111.32	3.64	2.90	3.77
野村新世界高金利通貨投信	野村AM	85.34	11.93	2.12	2.83
野村世界高金利通貨投信	野村AM	65.78	8.85	1.27	2.49
高金利通貨ファンド	AMOne	33.77	10.94	2.45	2.09
高金利通貨オープン	三井住友DSAM	25.79	10.65	2.12	1.99
MS世界高金利通貨投信（毎月分配型）	モルガンスタンレー	20.73	9.03	1.26	2.14
日興高金利通貨ファンド（毎月分配型）	日興AM	16.14	10.65	2.25	2.64
ダイワ・エマージング高金利債券F（毎月）	大和AM	13.63	7.52	2.26	2.37
グローバル高金利通貨ファンド	三井住友DSAM	7.57	7.86	2.83	2.32
MS世界高金利通貨投信（年2回決算型）	モルガン・スタンレー	7.54	9.18	1.18	2.09
日興高金利通貨ファンド（資産成長型）	日興AM	4.19	10.59	2.19	2.59
DIAM高金利ソブリン債券F（毎月決算型）	AMOne	4.10	4.70	3.34	3.73
ニッセイ高金利国債券ファンド（1年決算型）	ニッセイAM	0.33	0.83	3.51	3.95
ダイワ・エマージング高金利債券F（年1回）	大和AM	0.01	7.59	2.28	

（注）純資産総額は2021年10月25日現在で単位億円、リターンは2021年9月末までで単位％、税引き前分配金再投資ベース
（出所）QUICK

世界の経済が順調に成長しているときは、こうした高金利国の経済も順調に拡大することが多く、日本から高金利国の国債や預金などに投資しても、そのメリットを享受できることがあるだろう。半面、世界経済が困難な局面に直面すると、もともと体力が弱い高金利国は金融不安などに襲われることがあり、通貨も動揺しかねない。日本からの投資は通貨の急落に見舞われて、元本割れになる可能性がある。

この両方のケースがあることを考え合わせると、高金利国の債券や預金への投資は期待リターンが大きい分、リスクも大きく、高金利という一面だけに引かれて取り組むものではないことがご理解いただけるだろうか。現実の金融商品である高金利国通貨投信の運用成績は図表2－5の通りだ。過去1年のリターンはよさそうにみえるが、過去5年や10年のリターンは高くても年率3％台にとどまっている。リターンは取っているリスクに見合うだろうか。

株価が上がっても通貨が下落

新興国・地域の株式投資にも似たようなところがある。韓国のサムスン電子や台湾の台湾積体電路製造（TSMC）のように、世界を股にかけてビジネスをしている企業の株式を買

図表2-6　株価指数は上昇したが、通貨が下落し、日本からの投資がマイナスになった国

全体順位	国名	株価指数騰落率	現地通貨の対円騰落率	円換算の株価指数騰落率
54	英国	28.2	▲22.9	▲1.1
55	ルクセンブルク	4.3	▲5.2	▲1.1
56	オーストリア	3.1	▲5.2	▲2.3
58	クロアチア	2.9	▲7.1	▲4.4
59	ボツワナ	94.8	▲52.6	▲7.7
64	コロンビア	30.7	▲41.7	▲23.8
72	エジプト	76.0	▲64.7	▲37.9
73	ナイジェリア	74.6	▲69.4	▲46.6
74	トルコ	272.1	▲86.4	▲49.5
80	ウクライナ	49.1	▲81.5	▲72.4

（注）単位％、▲は下落、2005年末から2021年10月22日まで
（出所）ブルームバーグなどのデータをもとに筆者作成

うことは、ローカル企業への投資とは異なるから、同列には論じられないが、ローカル企業の株式は現地通貨ベースで株価が上がっても、日本からの投資家は通貨安にやられて、さっぱりもうからないということがある。

図表2－6は本章第1節で示した82カ国・地域の株価指数の過去15年余りのリターンのうち、現地通貨ベースの株価指数はプラスになったのに、現地通貨が対円で大きく下落したため、円換算の株価指数がマイナスになった10カ国の

図表2-7　株価指数も通貨も上昇した国・地域

全体順位	国・地域名	株価指数上昇率	現地通貨の対円上昇率	円換算の株価指数上昇率
6	中国・上海	208.6	22.0	276.4
8	フィリピン	247.8	0.7	250.3
11	イスラエル	125.9	38.7	213.2
14	台湾	157.9	13.5	192.8
16	タイ	130.3	18.5	172.9
20	スイス	59.0	38.7	120.5
22	ニュージーランド	107.6	1.0	109.6
34	シンガポール	40.5	18.9	67.1

（注）単位％、2005年末から2021年10月22日まで
（出所）ブルームバーグなどのデータをもとに筆者作成

リストだ。英国はブレグジット（欧州連合＝EU＝離脱）の決断が通貨ポンドの急落を招いた。オーストリアは株価の上昇率が小さく、ユーロ安のマイナスを補えなかった。

その他の新興国の多くは結果から振り返れば、経済構造に脆弱な点があり、何らかの出来事がきっかけになって通貨の急落を招いたというイメージだ。トルコはエルドアン大統領の強権的金融・財政政策に不安を抱いた市場関係者がトルコリラの売却に動き、キャピタルフライト（資本逃避）を招いた。

もちろんこんな国ばかりではない。過去15年余の間に株価指数が上昇し、現地通貨も対円で上昇した国・地域のリストを図表2－7

で示している。図表2－6で示した国に比べれば、「強そうなところばかりだ」という印象を持つかもしれない。ただ、この明暗がこれからも同じかどうかは何ともいえない。外国株投資は現地通貨ベースの株価と通貨との二重の振れのリスクを負うことを忘れてはならないだろう。

3　出発点はノーリスク・ノーリターン

ノーリターンの原点から

低成長で超低金利の日本からの投資がなぜむずかしいのだろうか。それはお金が収益チャンスを求めて縦横に動き回るからである。ちょっとでもチャンスが大きそうな投資先があれば、そこにおカネが集まって買い値が高くなる。つまり、市場の価格メカニズムを通じて期待リターンを減らしてしまう。この結果、「これを買ったら必ずもうかる」と確約できるようなお得な投資先はどこにもなくなるのだ。

図表2-8 株式や債券のリスクとリターン

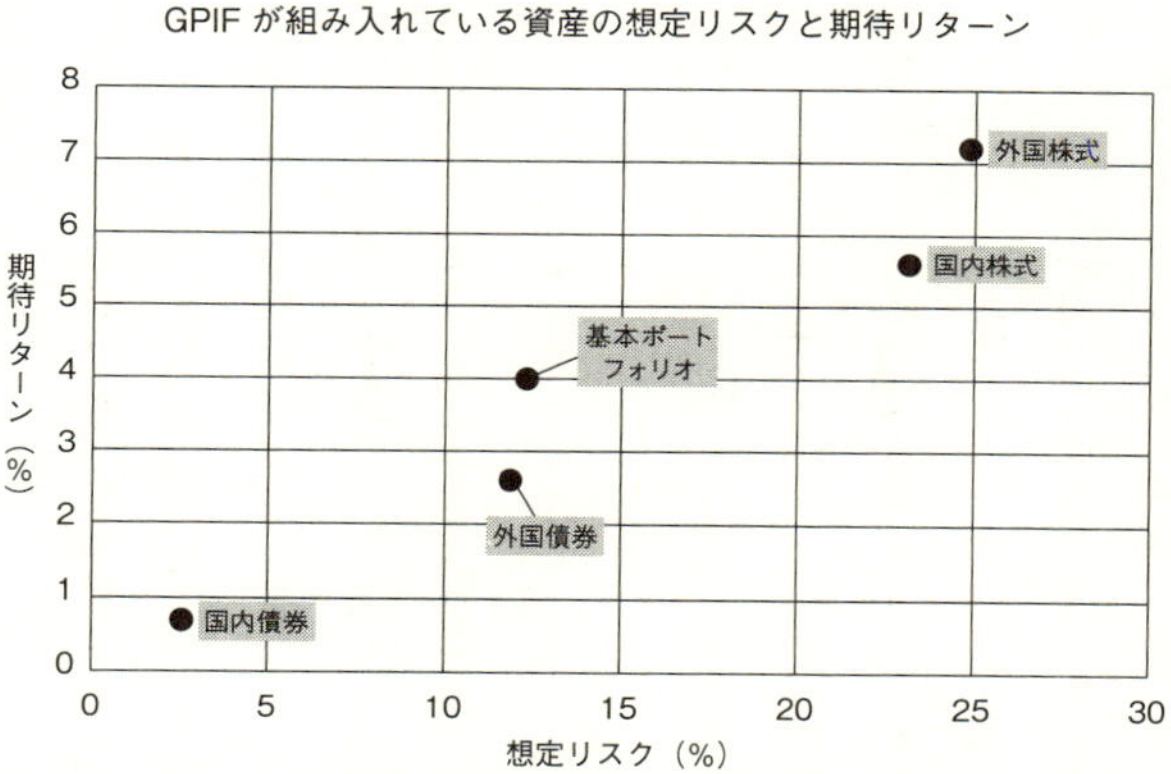

（出所）年金積立金管理運用独立行政法人（GPIF）の公表資料をもとに筆者作成

前節に書いた通り、リスクとリターンとの関係を示す無差別曲線は、円での投資成果を求める日本人にとっては、「ノーリスクならばノーリターン」という「原点」から引かれることになる。リターンの点で魅力的にみえる投資先はリスクが大きくなり、リスクを取りたくないとお金の振り向け先を絞れば、リターンは得られなくなる。

図表2－8は年金積立金管理運用独立行政法人（GPIF）が投資先にしている国内債券、国内株式、外国債券、外国株式の想定リスクと期待リターンとの関係を示している。GPIFが現行の基本ポートフォリオでの運用を始めた2020年4月1日

に公表したものだ。

ＧＰＩＦは約２００兆円（２０２１年10月末現在）の年金積立金を約50兆円ずつ４分の１に分けて、４つの資産で運用している。想定リスクと期待リターンは国内債券が２・56％と０・７％、外国債券が11・87％と２・６％、国内株式が23・14％と５・６％、外国株式が24・85％と７・２％となっている。これを散布図上にプロットしたのが図表２－８である。

これは以下のような関係を意味している。向こう１年間のリターンが「期待リターンから想定リスクを引いた値」から「期待リターンに想定リスクを加えた値」の間に入る確率が68％（１標準偏差）、「期待リターンから想定リスクの２倍を引いた値」から「期待リターンに想定リスクの２倍を加えた値」の間に入る確率が95％（２標準偏差）ということだ。

たとえば国内株式でいうと、68％の確率で向こう１年間のリターンがマイナス17・５％からプラス28・７％の間に入り、95％の確率で向こう１年間のリターンがマイナス40・７％からプラス51・９％の間に入るという意味である。いずれにしても、４資産のリスクとリターンの関係は小さい方から国内債券、外国債券、国内株式、外国株式の順になっている。

ＧＰＩＦはこの４資産のリスクとリターンとの関係をもとに、資産間の相関係数などを加味してさまざまな資産配分のもとで合成リスクと合成リターンがどうなるかを計算し、最適な基本ポートフォリオを定めたというわけだ。その結果が4資産にそれぞれ約50兆円ずつ配分する現行の運用になっているのである。

「国内株が半分」は多すぎる可能性

ただ、ちょっとここで皮肉を言うと、4資産のリスクとリターンの関係が図表2－8に示すようにほぼ一直線上に並んでいるため、資産配分をどう変えても合成リスクと合成リターンの関係を示す点がほぼ一直線上に並んでしまう。つまり、より大きなリターンを実現しようと思えば、常により大きなリスクを取らなければならない。言い換えれば、どんな資産配分にしようがそのリスクでの最適ポートフォリオになってしまうのである。

だから、国内株式の比率は別に25％でなくてもよかった。国内株式も外国株式も25％ということは株式の半分を国内株式が占めていることを意味している。世界の株式市場の合計時価総額に占める日本株のウエートは6％程度だから、自国の株式を多少多めに持ったとしても株式全体の20～30％でよかったはずで、GPIFは日本株を売ってもらいたくない国内企業や政権に忖度《そんたく》したといえるのかもしれない。

それはともかく、現行の基本ポートフォリオの合成想定リスクは12・32％、合成期待リターンは４・０％となっている。１年間のリターンが68％の確率でマイナス８・３％からプラス16・３％の間になるという意味だ。４・０％の合成期待リターンは厚生労働省が実施した２０１９年の公的年金の財政検証で、ＧＰＩＦに確保を求めている利回りでもある（財政検証で想定した６段階の経済シナリオのうち、上から３番目に相当する）。

日本株の期待リターンは過去の東京株式相場の動向を踏まえると、ＧＰＩＦが前提にしている数値（５・６％）よりも低いと筆者は考えているが、一応、ここではＧＰＩＦの試算の前提が正しいとしよう。合成想定リスクが12・32％、合成期待リターンが４・０％のポートフォリオが実際に長期的に利回り４・０％を確保できる確率は、約40％である。50％にならないのは、リスク商品のリターン分布は確率上、下が膨らみ、上が細くなる（下ぶくれになる）ためだ。

２０２０年度も２０２１年度（10月末まで）も、世界の株式相場が上昇しているため、ＧＰＩＦは抱えているリスクの大きさを感じさせずにすんでいる。それはそれで結構なことかもしれないが、資産運用の無差別曲線の出発点がノーリスクならばノーリターンという原点から引かれていることを考えると、ガラス細工の上に立っているようで、ひやひやする。

4　外国株投資特有のさまざまなコスト

オンライン証券の収益源

外国株投資はよさそうに見える分、リスクも大きく、リスク調整後のリターンは理屈上、日本株と何ら変わることがない、と言ってみたところで、日本株にあまり大きな期待を持っていない日本人が外国株に目を向けるのは、無理もない。筆者は実は「投資に正解はない。よく調べて投資をしようが当てずっぽうに投資をしようが結果は変わらない」という立場ではあるが、期待感を持って何かに取り組む心情はよくわかる。

コストの話は実際に外国株投資に取り組んでいる人は重々承知だろうから詳しくは書かないが、図表2－9に示す通り、例えば米国株を買うのならば米ドル資金を用意するために若

図表2-9　米国株投資のコスト

	SBI証券	楽天証券	マネックス証券
外国為替	0.25円（住信SBIネット銀行の外貨預金から入金すれば0.04円）	0.25円	買い付け時＝ゼロ、売却時＝0.25円
株式売買手数料（税込み）	約定代金の0.495%（上限22ドル）	約定代金の0.495%（上限22ドル）	約定代金の0.495%（上限22ドル）
50万円分の取引では（1ドル＝110円と仮定）	約33ドル（住信SBIネット銀行からの入金ならば約24ドル）	約33ドル	買い付け時＝22ドル、売却時＝約33ドル
日本株の現物取引の場合の手数料（約定代金が50万円の場合）	275円	275円	495円

（出所）各社ホームページの情報をもとに筆者作成

干の外国為替手数料が必要だし、株式の売買手数料はオンライン証券でも日本株に比べてかなり高いことが多い。「その利益がなければ、われわれは干上がっちゃう」（大手オンライン証券）というのが実情だ。

対面営業の証券会社は外国株の売買注文を海外の取引所に直接、取り次いでいるわけではない。営業時間中に顧客と相対取引をしているだけだから、一般に顧客が買うときの株価は取引所の値段に比べてやや高く、顧客が売るときの株価は取引所の値段に比べてやや安い。その差額が証券会社の営業収益になっているわけだ。

投資家のなかには株価が上昇し、利益が出ているのならば、こうしたコストはあまり気にしない人も多いが、長期的にはリターンを押し下げる要因として認識しておきたい。コストの影響を薄めるためには頻繁に売買するのを避け、長期投資をすればいいのだが、世の中の変化はめまぐるしく、おっとり構えた投資は理想ではあるが、現実にはやりにくい。

長期投資が理想だが……

超長期投資家として知られ、投資の神様の異名をとる米国のウォーレン・バフェット氏も、20年以上保有しているのはコカ・コーラ、アメリカン・エキスプレス、ムーディーズの3銘柄だけだ。2000年以降に保有したのは合計177銘柄（米国市場上場のみ）だが、1銘柄当たりの平均保有期間は4・5年に過ぎない。

米国株ならばたいていのオンライン証券で取り扱っているが、中国株となると、証券会社次第だし、その他の国・地域の株式は、SBI証券が東南アジア諸国連合の5カ国（ベトナム、インドネシア、シンガポール、タイ、マレーシア）や若干の韓国株、ロシア株を取り扱っ

図表2-10　証券会社の外国株取り扱い状況

	米国	カナダ	ブラジル	ドイツ	英国	フランス	オランダ	その他欧州	香港	上海	シンガポール	タイ	深圳	台湾	韓国	マレーシア	インドネシア	フィリピン	ベトナム	オーストラリア	イスラエル	ロシア	UAE
野村証券（オンライン）	○			○					○											○			
大和証券（店頭）	○	○		○	○	○	○	○	○	○	○	○								○			
SMBC日興証券（オンライン）									○														
アイザワ証券				○		○	○		○	○	○	○	○	○	○	○	○	○	○		○		
東洋証券	○								○	○		○	○										
エイチ・エス証券																						○	
SBI証券	○								○		○	○			○	○	○		○			○	
楽天証券	○								○	○	○	○				○	○						
マネックス証券	○								○														
ニュース証券	○		○		○				○		○	○							○			○	○
DMM株	○																						
PayPay証券	○																						
STREAM	○																						
内藤証券	○								○	○			○										
岩井コスモ証券	○								○										○				
岡三オンライン証券									○														

（出所）各社ホームページの情報をもとに筆者作成

ているのを除くと、取り扱っている証券会社を探すのに苦労する。外為手数料も含め、米国株に比べて取引コストが高いことも承知しておきたい（図表２－10）。

英語ではあるが、公表情報の入手には大きな問題はないだろう。たいていの企業のウェブサイトにはＩＲ（インベスター・リレーションズ）のコーナーがあり、インターネットの検索窓に企業名とIRまたは英語でインベスターズとでも入力すれば、当該のページにたどり着ける。

筆者の経験では、といっても投資のためではなく報道のためだが、決算データなどは表計算ソフトに落とし込んでおいたほうがいい。日本のように決算短信などはないので、決算発表のフォーマットはバラバラだ。何かのデータを時系列で追うときには、表計算ソフトのシート上で新旧のデータを見比べたほうが、見間違いを防ぎやすい。

税金にも落とし穴がある

税金にも注意が必要だ。企業が支払った配当に対して本国が源泉徴収するかどうかは国によって異なるが、例えば米国株は米国で10%を源泉徴収される。特定口座（源泉徴収あり）で米国株を取引している場合は、米国で10%を引かれた後の配当所得に対して20・315%（復興特別所得税を含む）の税率で税金が天引きされることになる。

確定申告をすれば米国で源泉徴収された税額を日本の所得税や住民税から差し引くことができる（外国税額控除という）が、年金生活者などは特定口座で完結している株式関係の所得を確定申告すると、別の問題が発生することがあるので注意が必要だ。国民健康保険料の負担が増えたり、現役並み所得があると見なされて医療費の自己負担割合が増えたりするのだ。

これは外国株に限った話ではないが、総務省は「そもそも所得があるのに、特定口座を利用することで自治体から見えなくなっていることのほうが問題だ」という立場なので、苦情を言っても始まらないところがある。

岸田内閣は金融所得の税率引き上げを将来課題の一つに挙げているが、高所得者に重い税率を適用する累進制の案が採用されると、株式関係のもうけも確定申告の必要が出てくる可能性がある。自治体もその利益を知ることになるわけだから、国民健康保険料などの計算にも反映されるだろう。要注意である。

5 「分散投資」言うは易《やす》く

のめり込むのは禁物

分散投資と言えば外国株に限った話ではない。初心者向けの多くの投資の教科書にかごに入った卵の絵が掲載されていて、すべての卵を一つのかごに入れておくと、落としたら全部割れてしまうが、複数のかごに分けて入れておけば、全部が割れることはないと紹介している。

しかし、ある企業に就職して、従業員持ち株会に入り、めぼしい金融資産といえば、持ち株会で買った勤務先の株式だけというケースならば、さすがにその企業の経営が破綻したらたいへんだろうが、「いざという事態に備えて、ライバル会社の株式を買っておけばいい」というものでもないだろう。

筆者が「危ないことをしているな」と感じるのは、株式投資にのめり込んで信用取引でど

ひとつのかごに卵を全部盛ると、全部割れるリスクが（写真はAC写真から）

んどん持ち高を膨らませてしまい、何らかのきっかけで逆回転が始まって、資産の大半を失ってしまうケースだ。信用取引などレバレッジを効かせて投資をするのは、もちろん効率的に稼ぐためだろうが、リスク管理を怠ると、株価が急落した場合に資産の大半を失うことがある。これは「分散投資をしないのがいけない」という教訓でもあるし、「欲張るのはよくない」という教訓でもある。

家計はすでに分散投資

預貯金一辺倒といったケースは別にすると、もともとたいていの家計の資産はある程度、分散投資がされている（図表2－11）。投信、生命保険、個人年金保険、個人向け国債などを持っている家計も多く、株式投資にも取り組んでいる人ならば、1銘柄だけではないだろう。最近は若年層を中心に積み立て型の少額投資非課税制度「つみたてNISA」を利用し

図表2-11 個人金融資産は現預金主体

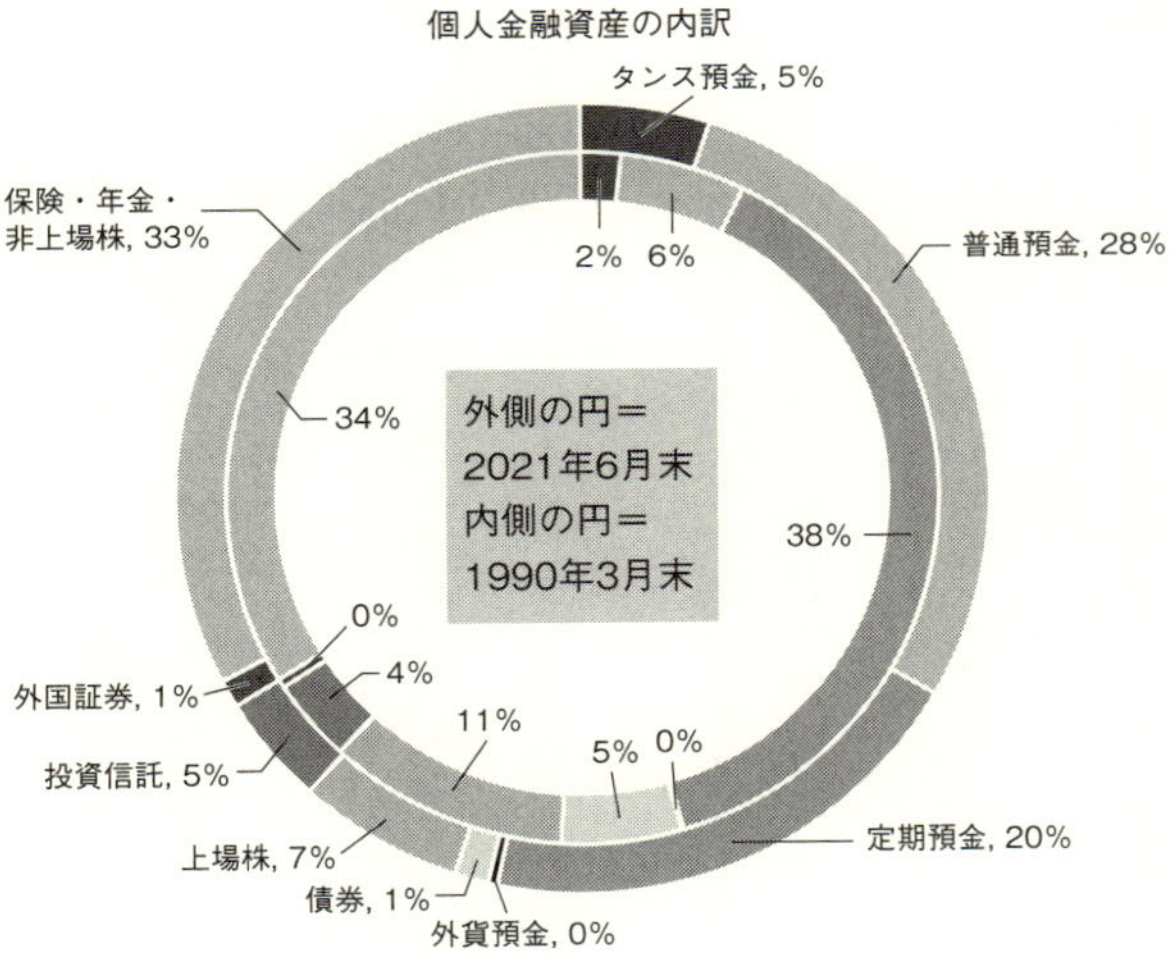

(注) 日銀「資金循環統計」をもとに筆者作成

て、インデックスなどをコツコツと買っている人も増えている。

それでも証券会社は「米国に比べて日本の家計は金融資産に占めるリスク商品のウエートが小さい」「個人がもっと株式投資に資金を振り向けないのが、日本経済に活力が出てこない大きな要因だ」「預貯金偏重では物価上昇時に購買力を失うリスクがある」などと訴え、個人に株式投資を促すが、筆者が日経に入社して5年がすぎ、証券市場の報道に携わるようになってから37年間、誰がどう旗を振ろうが、個人金融資産に占める株式や投信の比率には大きな変動はない。

名目的に比率が上下することはあるが、それは株式相場が高くなれば比率が上昇し、株式相場が低迷すれば比率が低下するというだけのことで、元本ベースで「貯蓄から投資へ」が進んでいるようには思えない。

日本の個人が預貯金偏重なのは、大地震などの災害ですべてを失うような局面に何十年に1回かは必ず遭遇するような運命を全員が背負っているような民族だから、長期的に家計の資産を構築していこうなどという行動にはあまり興味を持たないからではないかという気もする。「危機を乗り越えるには多額の財産が欠かせない」との考え方の一方で、生活は身のほどで十分で、むきになってお金を増やさなくてもいいと思っている人も多いのではないか。

こうした前提で筆者が考える分散投資は、これだけを持っていれば、何があっても最低限、食べるには困らないだろうと思う程度の資産を保有することだ。非金融資産では住まい、職業能力、友人とのネットワークなどが必要だろう。金融資産では一定の価値が保てるもの、例えば金地金や、生活必需品を作る企業の株式などだ。

倒産しそうもない証券会社を通じて外国株を買っておくのも悪くないと考えている。証券会社自身の資産と顧客の資産とは分別管理されているとはいっても、証券会社の経営が破綻すれば、事務処理などが混乱する恐れは否定できないからだ。もちろん違法だが、これまで経営が破綻した証券会社のなかには、土壇場になって顧客資産を流用してきたところもある。投資者保護基金によって弁済が受けられるのは、顧客一人について1000万円までと決まっている。

分散投資とは「どんな金融資産を持つか」ということだけではない。どの金融機関を通じて持つか、その金融資産を持っていることで日常的に心の安寧が得られるか、自分のお金の活用法として意義があるかなど、総合的な見地から合格点を与えられるものでなければならないだろう。

第 3 章

プライム市場で企業は変わるか

東証は 2022 年 4 月から新市場区分に

1　株式は金融商品なのか

複雑な契約の束

株式をいつから金融商品と呼ぶようになったか、記憶も薄れてきたが、かつて証券取引法と呼ばれていた法律は、2006年に金融商品取引法という名称に変わった。以後、証券取引所は通称で正式には金融商品取引所、証券会社も通称で正式には金融商品取引業者と呼ばなければならなくなった。なぜあえて「商品」と呼ぶのか。「この世の中、お金で買えないものはないでしょう」という一時期はやった言葉を思い出す。

当時、会社法の大家に「株式を金融商品と呼ぶのはおかしくないか」と尋ねたことがあるが、あまり問題視していないようだった。株式は単に持っていると配当を受け取れるというだけでなく、議決権、少数株主権、残余財産請求権などさまざまな権利が付帯しているが、一般の商品のなかにもさまざまな付帯条項が付いているものがあるから、株式が複雑な契約の束のようなものであっても、別に構わないのだろう。

ただ、やはり商品というと作り手が製造し、売り手が流通させて、買い手が購入するものというイメージが強い。メーカー直販などのケースでは間に売り手が入らないが、それでも価格設定などは間に売り手が入る一般の商品を参考にすることが多い。そして買い手に購入してもらうためには、作り手が何らかの価値を提供しなければならず、価値がなくて売れそうにないものは売り手が相手にしないだろう。

このたとえで言うと、株式の作り手は企業、売り手は証券取引所や証券会社、買い手は投資家ということになる。どんな商品でも作り手は買い手の評価を意識して商品に価値を込めるが、株式にどんな価値を込めたらいいのかはけっこう難しい問題だ。買い手である投資家がどんな動機で株式を購入するかをよく研究したうえで、商品としての魅力を作り上げていかなければならない。

投資リターンを出すことが至上命令の機関投資家に売るだけならば、価格変動リスクに見合ったリターンを提供できるだけの事業をしているということを売り込み、リターンを生むプロセスをきちんと管理しているという安心感を証明するだけでいい。前者は事業モデルの有効性、後者はガバナンス（企業統治）体制ということになろう。

株式が持つ「価値」はさまざま

しかし、個人に評価してもらうのはなかなか難しい。短期的な株価の変動から売買益を確保しようとしている人や、つなぎ売りを組み合わせ、権利確定日にちゃっかり株主優待を手に入れようとしている人は視野の外においていいだろうが、多くの個人投資家は大切な自分のお金の振り向け先として、投資に値するかどうかを吟味してから購入に至る。その眼鏡にかなう「価値」とは何だろうか。

あてずっぽうに銘柄を選ぼうが、吟味して選ぼうが統計的には結果に大差がないと筆者は考えているが、でも実際に投資をする段になれば、必死にあれこれと考えるだろう。投資は結婚相手を選ぶようなものではないだろうか。初見で選ぼうが吟味して選ぼうが結婚生活の成否とは無関係だと言っても、多くの人は行き当たりばったりでは結婚しない。収入、性格、相性、世間体などさまざまな点を詳しく検討する。

個人投資家にとっての株式はそういうものだから、単純に金融商品などと区分けすべきではないというのが、筆者の考えだ。お見合い結婚のための釣書には花嫁候補や花婿候補の特徴がいろいろ書いてあるが、決してそれは商品とは呼ばない。交通事故の犠牲者に払う賠償金は将来の収入の現在価値をもとに決めることが多いが、それは極めて特殊な状況下でやむをえずにすることであり、人に値札が付いているわけではない。

社会がおかしくなった

株式を金融商品だと言い始めたあたりから、日本の株式市場も企業経営もおかしくなった気がしてならない。資本コストなどという概念に振り回された企業も多かった。株主に提供すべきリターンは、社会に有用な価値を提供して対価を得る地道な企業活動の結果であるべきなのに、その過程が軽視され、とにかく目先のリターンを出すことばかりに走る企業が増えてきた印象がある。

株主の期待リターンである資本コストを意識するのは重要だが、最優先課題ではない。順序が逆になったために、従業員はひたすら消耗し、疲れているようだ。まずは従業員に働く喜びや面白さを伝えることが、経営陣の使命ではないだろうか。

社会に有用で革新的な商品やサービスを提供しながら、従業員を大切にし、地域社会にも愛され、株主にも十分なリターンを提供できるような企業は、理想ではあるが、できるところは限られる。誤解を恐れずに言えば、メンツは決まっているといってもいいくらいだ。

その他の大多数の企業は大なり小なり何らかの欠陥を抱えているから、発行している株式が金融商品などと呼ばれても、仕様書通りに機能するわけではない。立派な社外取締役を迎え入れ、ホームページには立派な経営理念や社長あいさつが掲載されていても、現場に行くと、やる気を失った社員がずさんなサービスを提供しているようなところは、筆者が自ら直面しただけでも山ほどある。

日本企業を再生させるための特効薬などはないだろう。企業とは何か、株式とは何か、投資とは何か、もう一度原点に返って考え直すことから出発する必要がある。

2 PBR1倍割れでも平気なおかしさ

500種平均は高値更新中

日経平均株価は2021年9月になって、新型コロナウイルスによる感染症の第5波が急速に収まってきたとの安心感と、国民に不人気だった首相が交代することへの期待感から再び回復基調を強め、一時、3万円台に乗せた。1989年末に記録した過去最高値の3万8915円まではまだ間があるが、ようやくトンネルの出口の光が見え始めたようでもある。

日経平均と同様、単純平均型の指数（過去の株式分割などを反映して計算式は複雑になっているが、基本的に対象銘柄の合計株価を除数で割って算出している指数。対象銘柄の時価総額や浮動株比率は無関係）で、計算対象が225銘柄ではなく500銘柄で構成している日経500種平均株価は、2020年9月28日にいち早く1989年末に記録した最高値を更新した。日経500種平均は2021年10月末には2844円55銭と、1989年末の2

406円47銭を18・2％上回っている。

株式投資の長期的なパフォーマンスは配当込みで測定すべきだろうが、配当込み日経平均（日経平均トータルリターン・インデックス）は2021年10月末現在、4万8468で推移している。1989年末には4万3200だったので、当時の最高値を付けたこの日に225銘柄をすべて購入し、その後も銘柄変更などに適切に対応しながら、受け取った配当（ただし税引き前ベース）を再投資し続けていれば、今日の評価額は当時を12・2％上回っているはずだ。

ひと握りの優良銘柄がリード

しかし、個々の銘柄の直近の株価が1989年末を上回っているかどうか、あるいは1989年末に投資をした場合、今日に至るまでの投資収益率（配当込みリターン）がプラスかどうかというと、話は別だ。

日経500種平均株価の採用銘柄は頻繁に入れ替わるから、今日の採用銘柄の株価を過去に遡っても仕方がないのかもしれないが、2021年10月26日現在の日経500種平均株価

図表3-1 株価が10倍以上になった13銘柄

証券コードと銘柄名	1989年末	2021年 10月26日	倍率
9843 ニトリＨＤ	286	20110	70.3
6861 キーエンス	1194	66860	56.0
6594 日電産	254	12545	49.4
7741 ＨＯＹＡ	750	17160	22.9
8035 東エレク	2508	50130	20.0
8113 ユニチャーム	272	4420	16.2
7309 シマノ	1908	30190	15.8
6146 ディスコ	2467	31300	12.7
6981 村田製	689	8445	12.3
6367 ダイキン	2150	25275	11.8
4063 信越化	1705	19085	11.2
4543 テルモ	475	5043	10.6
6273 ＳＭＣ	6400	67880	10.6

（注）単位円、倍。日経500種採用銘柄を対象に1989年末から2021年10月26日までの動向を調べた。1989年末の株価は株式分割などの権利落ち調整済み
（出所）QUICK

採用銘柄のうち、１９８９年末にも上場していたのは３２３銘柄ある。このうち直近の株価が１９８９年末を上回っているのは46・４％に当たる１５０銘柄で、半分強に当たる１７３銘柄は31年も経過しているのに、当時の水準を下回っている。

１７３銘柄のうち95銘柄は半値以下にとどまっている。14銘柄は10分の１以下にすぎない。そん

図表3-2　1989年末からの個別株リターンの分布

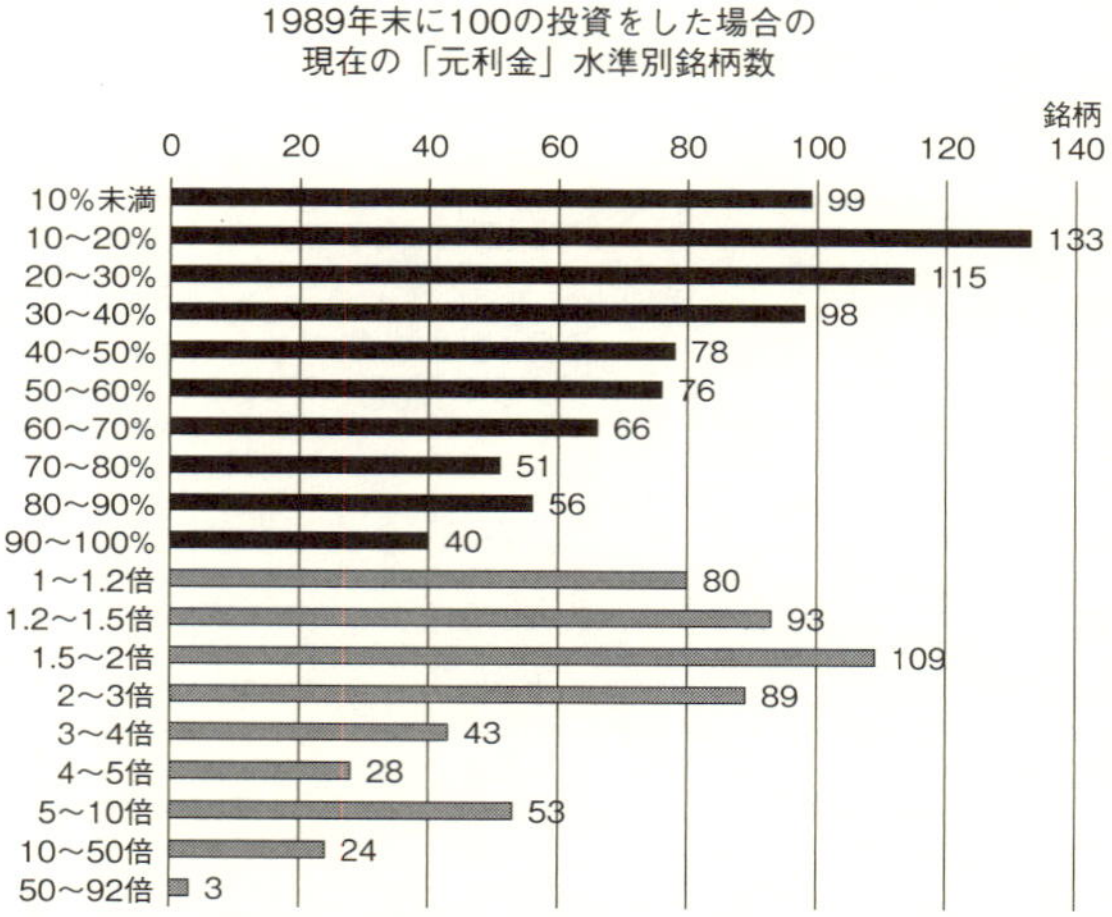

（注）2021年9月末現在。対象は1989年末から継続して株式を公開している1334銘柄。税引き前配当を再投資しながら、保有し続けたと仮定
（出所）QUICK

な具合にもかかわらず、日経５００種平均株価がバブル当時の高値を上回っているのは、一握りの優良銘柄の株価が大きく上昇し、全体をカバーしているからだ。参考までに直近の株価が１９８９年末の10倍以上になった13銘柄を図表３―１に並べておこう。

「配当込みで収益率をみれば、プラスになった銘柄の割合はもう少し大きいはずだ」と指摘されるかもしれないので、新興企業向け市場を含むどこかの株式市場に１９８９年末に上場していた１３３４

銘柄について、2021年9月末の配当込み評価額が1989年末の投資元本の何倍になったのかも、集計してみる。

結果は図表3－2の通りで、曲がりなりにも元本を上回ったのは39・1％に当たる522銘柄にすぎない。60・9％に当たる812銘柄はこれまでに受け取った配当を再投資し続けていたとしても元本割れなのだ。一握りの優良銘柄がけん引して全体の投資収益はプラスになったといっても、過半、というか6割の企業が31年前の投資元本すら返してあげることができていないのは、企業経営に大きな問題があると感じざるをえない。

「解散したほうがましだ」

株式投資をしている人ならばたいてい知っているであろう指標にPBR（株価純資産倍率）という比率がある。株価を1株当たり純資産で割った倍率で、これが1倍を割っていれば「解散価値割れ」と言われることがある。もし企業が持っている資産が極めて換金性が高いものばかりで構成されていて、貸借対照表（バランスシート）が時価を反映して正確に記載されているのならば、株主総会で解散決議をし、すべての資産を売り払ってしまい、債権者

図表3-3　なお4割がPBR1倍割れ

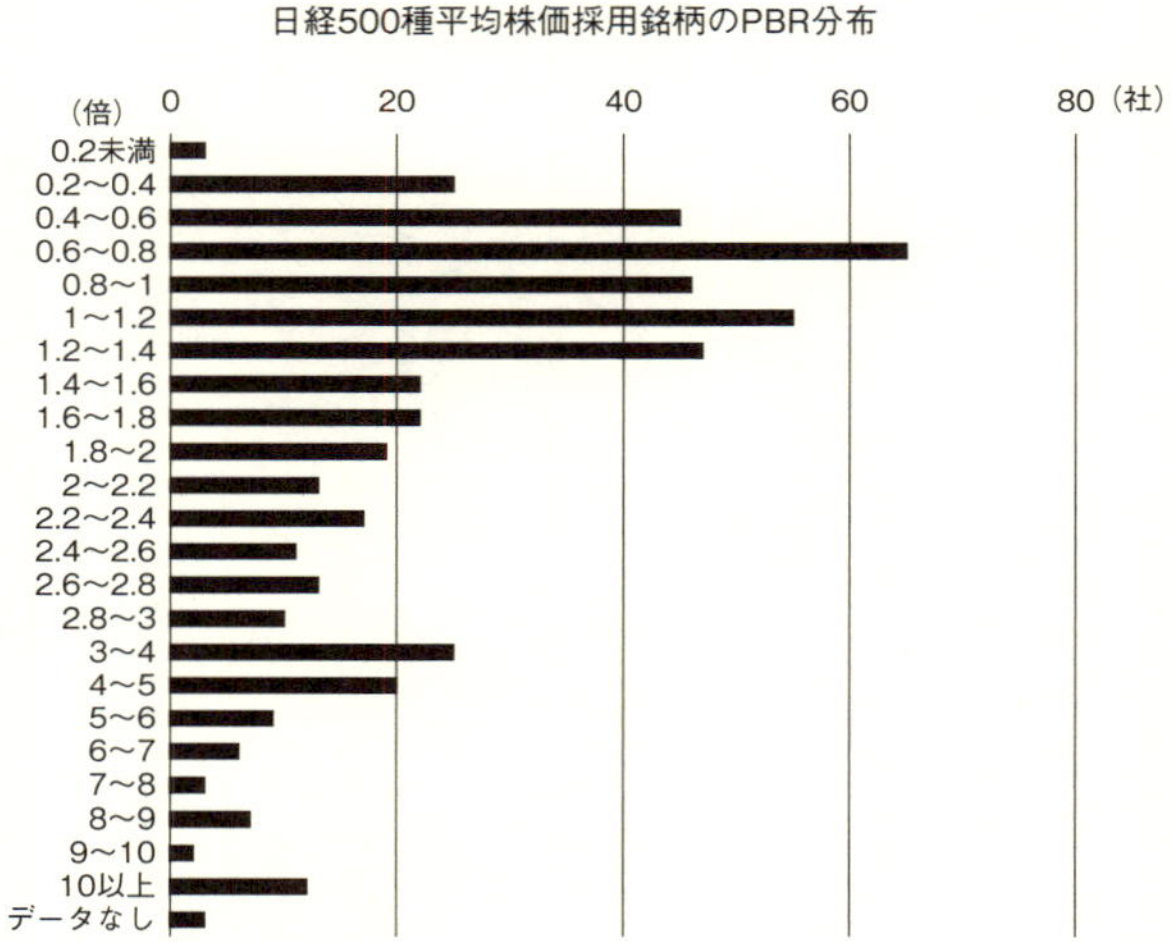

(注) 2021年10月26日現在
(出所) QUICK

に借りたお金を全部返した後に残る資産（残余財産）を株主が山分けすれば、投資額以上のお金がたちどころに得られるというわけだ。

こんなふうに「解散したほうがましだ」と言われる状態まで株価が下がってしまうことは、企業経営陣にとっては恥ずべきことだと思われるが、日経500種平均株価採用の500銘柄をみても、10月26日現在、36・8％に当たる184銘柄がPBR1倍を下回っている（図表3－3）。

何を意味しているかというと、

実際に株主総会で解散決議をして資産を売却しようとしても、工場でもソフトウエア資産でも価値が目減りしていて、とてもではないが、貸借対照表に記載された価格では売れないということなのかもしれない。あるいは当面、赤字が見込まれ、純資産がどんどん目減りしていく可能性が大きいのかもしれない。

生身の企業が持つ多くの資産は、企業経営が続いているからそれなりの価値があるのであって、解散決議をして切り売りすれば、帳簿価格を回収できない可能性が大きいだろう。だからＰＢＲが1倍を下回っていても、ハゲタカファンドが出てきて解体してしまうなどということは考えにくいが、経営陣として放置していていいはずがない。

3　プライム市場導入で企業に気合い

目を覆わんばかりの衰退

単なるバブルだったのかもしれないが、１９８９年末の過去最高値に至るまでの東京市場

図表3-4　世界のなかでの東京市場のウエート

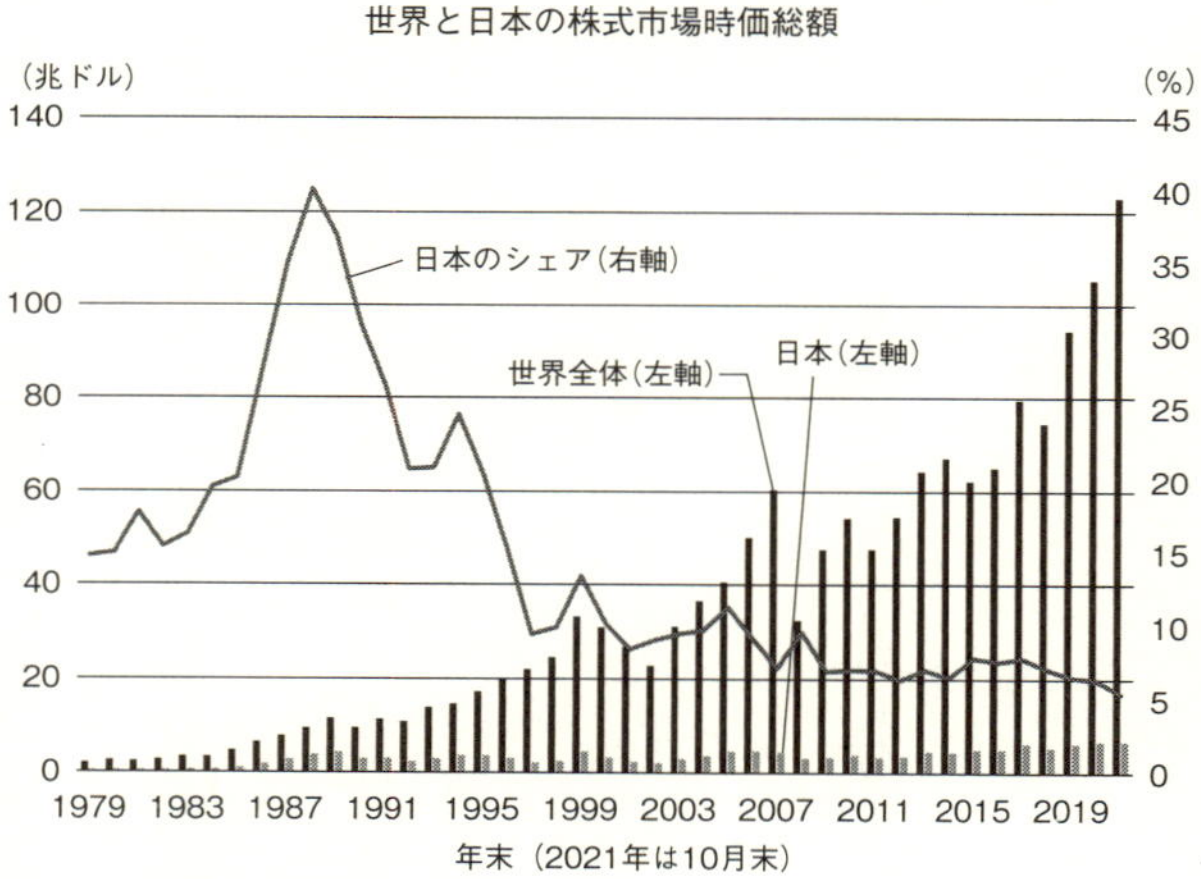

（出所）世界取引所連盟（WFE）

はいろいろな意味で輝いていた。株式時価総額は600兆円前後に達し、ニューヨーク証券取引所などを上回って世界一だった。図表3－4に示すように日本株の時価総額の世界シェアはピーク時には40％に達していた。世界中の有力証券会社が東京でのビジネスを拡大しようと、将来の幹部候補生をどんどん日本に送り込んできた。

日本の上場企業の約6割の投資収益率がまだマイナスだということは、このときに投資家から集めた期待感に応えるような経営がその後、31年超もできないままになっていることを意味し

図表3-5　東証の市場区分見直し

現行	2022年4月から	主な上場維持基準		
		株主数	流通株式時価総額	流通株式比率
東証1部	プライム	800人以上	100億円以上	35%以上
東証2部	スタンダード	400人以上	10億円以上	25%以上
ジャスダック・スタンダード				
ジャスダック・グロース	グロース	150人以上	5億円以上	25%以上
マザーズ				

（注）上場維持基準には既上場企業に配慮した経過措置がある。東証株価指数（TOPIX）の計算対象は市場区分にかかわらず、流通株式時価総額が100億円以上の銘柄だけとする（新規上場銘柄はプライム市場上場のみ）
（出所）東証ホームページの情報をもとに筆者作成

ている。

実際、同時代を生きてきた筆者にとっては、この間の日本経済の衰退ぶりは目を覆わんばかりだ。かつて世界市場を席巻していた日本製品は、特に電気製品を中心にどんどん市場の片隅に追いやられた。かつて世界の大都市の目抜き通りの最も目立つところには日本企業の広告がドーンと出ていたが、今や見る影もない。

30年前の円は本当に強かった。世界の一流ブランドでもその気になれば買うことができたし、大企業のＶＩＰでもないのに、家族旅行で一流ホテルに泊まることも不可能ではなかった。それは戦後の日本の「奇

図表3-6　企業が上場するメリットとデメリット

メリット	デメリット
公募増資などで成長資金が調達できる	株主からの利益圧力が高まる
創業経営者が創業利得を確保できる	ディスクロージャーの義務を負う
ベンチャーキャピタルの投資回収	株主総会開催の手間とコスト
社会的な信用力の向上	さまざまな規制コスト
優秀な人材の確保	株主によっては対話に神経を使う
コンプライアンス経営をしている証しになる	常に買収されるリスクがある
従業員の士気向上や持ち株の値上がり	
株価が経営の良否のシグナルになる	

（出所）各種情報をもとに筆者作成

跡的な急成長の到達点」だったといえば、それまでかもしれないが、このまま夢や幻で終わってしまうのも悔しいものがある。

世界中の国民が何とか豊かになろうと競っているときに、日本だけが復活するような特効薬があるはずもないが、少なくとも成長へのチャンスは確実につかめるように、弱くなった土台だけは直しておきたい。東京証券取引所が市場区分を見直し、従来の東証1部を2022年4月からプライム市場に衣替えするのは、こんな思いが背景にあるようだ。見直しのあらましは図表3－5に示している。

株式の上場にはさまざまな目的がある。

上場して株式を多くの投資家に売買してもらうためには、一定の流通株式が必要だから、上場時には公募増資をしたり、大株主が保有株を売り出したりして、上場企業らしい株式保有構造にする。企業にとっては成長資金の調達になると同時に、自社株以外にたいして財産を持っていない創業経営者にとっては、創業利得を確保する機会になるわけだ。ベンチャーキャピタルの資金回収の場でもある（図表3－6）。

上場しなくても優れた製品やサービスを社会に供給し、十分なブランド力を持っている企業もあるが、そうでもない企業にとってはやはり上場すれば、社会的な信用力が異なってくる。人材確保に苦労してきた企業にとっては、全国から優秀な人材が集まってくるメリットは極めて大きいし、小さなことをいえば、従業員がクレジットカードの審査に通りやすくなるといったプラスもある。

コンプライアンス経営のあかし

加えて最近はどこの企業もコンプライアンス（法令順守）経営を重視している。自社だけでなく、取引先の企業にもコンプライアンス経営を求めているから、上場して内部統制などをしっかりやっているというかたちを作っておかないと、他社から「一緒に事業をやりましょう」とか「製品を納入してくれませんか」といった話が来なくなる恐れがあるのだ。

それなのにこれまでの東証1部は、とにかく東証が上場企業数を増やして株式の売買を活発にし、手数料（場口銭）を上げることを優先したためか、従来ならば東証1部上場企業などといえないようなところにまで門戸を広げすぎてきた。

株式を金融商品と呼んでいいかどうかは別として、東証にとっては上場企業の株式は商品である。スーパーマーケットに並んでいるりんごやみかんと同じだ。スーパーは食べ物をおいしく見えるように並べ、顧客が手に取ってくれるように細心の工夫をするだろう。その努力を東証は長年、怠ってきたといってもいい。

東証1部、東証2部、ジャスダック、マザーズが「プライム」「スタンダード」「グロース」に再編される。持ち合い株式などを除く流通株式時価総額が100億円以上あり、東証がガバナンス（企業統治）体制などにも厳しい基準を設けて一応の「品質保証」をするから、インデックス運用などの対象にしてもいいという企業が集まるのがプライムだ。

スタンダードは上場企業としてやや小ぶりだが、一定のコンプライアンス経営をしているというところが集まるのだろう。たぶん機関投資家に情報提供をする証券会社のアナリストはあまりカバーしないのではないか。優れた経営をしていても、規模的に機関投資家の投資対象になりづらいので、ESG（環境・社会・企業統治）指数などにもあまり採用されないと思われる。しかし、長期投資の個人投資家にとっては、面白い事業をしていてお金を振り向けたくなるようなところも多いのではないだろうか。

米ナスダックとは異なる

グロースはまだ海のものとも山のものともわからない未来に挑んでいる企業が集まるというイメージだ。本来ならば、プライムを米国のニューヨーク証券取引所のようにし、グロースをナスダックのように整理すれば、面白いと感じていた。米国ではアップルもアマゾン・ドット・コムもマイクロソフトもフェイスブックもナスダックで取引されている。

しかし、東証はそこまで割り切らなかったようだ。だから、ソニーグループもニトリホールディングスも日本電産もソフトバンクグループもファーストリテイリングもプライムに上場する見通しで、グロースは現行のマザーズやジャスダックグロース（ジャスダックにはスタンダード基準とグロース基準の2つの上場基準がある）の銘柄が移行するようだ。ハイリスク・ハイリターンの市場と言ってもいいかもしれない。

4　東証が本当にめざすべきこと

会員組織の名残が自由度奪う

取引時間の延長は東京証券取引所の悲願だったのだろうか。日本取引所グループは10月27日、２０２４年後半に終了時刻を30分延長して午後3時30分にすると発表した。この結果、立会取引の時間は午前9時から11時30分までと、午後0時30分から3時30分までの5時間30分になる。

もっとも、立会場があったころには前場は午前9時から11時まで、後場は午後1時から3時までの1日4時間の取引だった。１９８９年1月末までは月に数回、土曜日の立ち会いもあり、午前中だけだった。２００９年の発会日までは、納会日と発会日も午前中だけだっ

図表3-7　取引所としては東証はローカル？

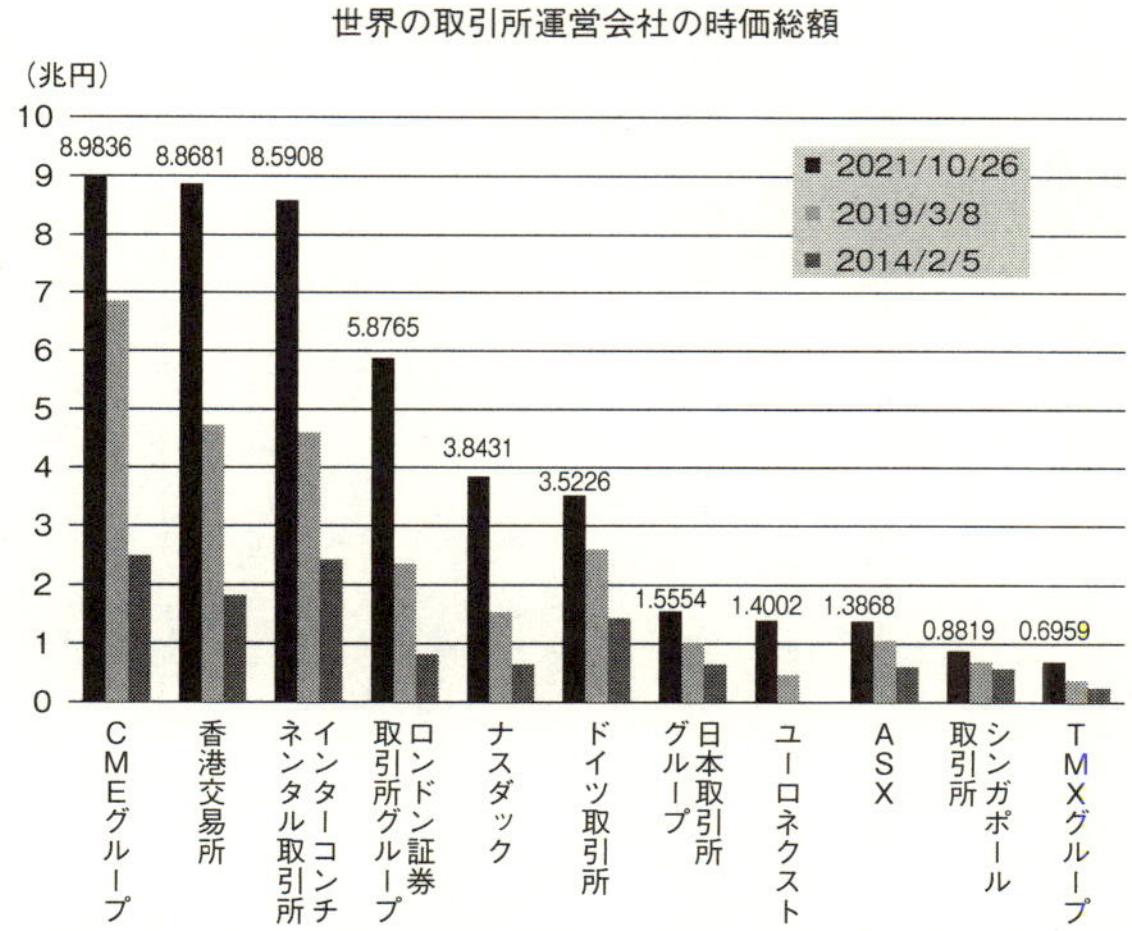

（注）ユーロネクストは2014年2月時点ではインターコンチネンタル取引所の傘下だった
（出所）各種情報をもとに筆者作成

た。株式市場の活況に事務処理が追い付かないため、取引時間を短縮することもあったくらいだ。

バブル崩壊後は売買高が低迷し、事務処理にも余裕が出てきたため、証券界は少しでも取引時間を延ばして手数料を稼ごうと考えたようだ。後場の取引開始時刻を午後0時30分に繰り上げたのは1991年4月30日のことだった。1989年2月に完全週休2日制に移行していたため、稼働時間の減少を補う目的もあった。

その後20年間は前場2時間、後場

2時間30分の立ち会いが続いていたが、2011年11月21日から前場の取引終了時刻を午前11時30分に繰り下げ、前後場2時間30分ずつの5時間体制にして、現在に至っている。

上場株式については2009年1月5日に紙の株券が廃止され、完全に電子化された。このほかさまざまな事務処理が効率化されたことから、もはや物理的な制約があって取引時間が延ばせないなどということはないのだろう。東証はこれまで何度も取引時間の延長や夜間取引の導入を提案しては、コスト高を嫌う対面営業の証券会社の強硬な反対にあって引っ込めている。

ただ、東証がガリバーである間は、常に「証券界全体のことを考えろ」という既存証券会社の声に押されるから、なかなか物事は思い通りには進まない。証券会社が顧客から受けた株式の売買注文はすべて証券取引所で集中執行することを義務付けた取引所集中義務は1998年12月に撤廃されたが、取引所に代わって売買注文を執行する私設取引システム（PTS）のシェアは2社合わせても10%に満たない。

東証は2001年に株式会社になったが、それまでは証券会社をメンバーとする会員組織だった。2013年1月1日に大阪証券取引所（現・大阪取引所）と経営統合し、日本取引所グループとして株式を上場したが、まだ証券会社の意向を無視して自らの収益追求に一方的に走ることは許されないのかもしれない。

乏しい世界での存在感

ただ、東京が香港やシンガポールと並ぶアジアの金融センターだといわれている割には、取引所としての東証は存在感がなさすぎる。世界の取引所を見渡すと、取引所運営会社としての時価総額はシカゴ・マーカンタイル取引所（CME）グループ、香港交易所（証券取引所）、ニューヨーク証券取引所などを傘下に収めるインターコンチネンタル取引所が首位争いを演じている。その後にロンドン証券取引所グループが6兆円弱で続き、ドイツ取引所とナスダックが3兆円台で並んでいる。日本取引所グループはその次だが、1兆5000億円程度とトップの6分の1にすぎない（図表3－7）。

確かに民営化前に比べれば、東京市場もよくなった点はある。2020年10月1日には終日売買停止などというトラブルもあったが、以前と異なり、売買注文を超高速処理するコンピューターがきちんと導入されていて、「遅くて話にならない」という苦情は聞かれなくなった。終日、売買が止まったのは証券会社との間で売買再開の手順が決まっていなかったなど、制度面の不備があだとなったようだ。

株式投資の初心者が困惑する制度も改善された。２００９年11月16日から権利落ち日だけに適用していた５日目決済（受け渡し、Ｔプラス４）が廃止され、権利落ちの有無にかかわらず、４日目決済（Ｔプラス３）に統一された。２０１９年７月16日からは決済日が１日短縮され、全ての取引が３日目決済（Ｔプラス２）になった。８種類ほどに分かれていた売買単位も、２０１８年10月１日に１００株に統一された。

売買単位引き下げが課題に

売買単位のことをいえば、東証は上場規程４０９条と４４５条で、望ましい売買単位として「５万円以上50万円未満」という水準を明示している。１００株単位の売買に統一されているから、株価で言えば、５００円以上５０００円未満が望ましいということになる。

安すぎればマネーゲームの対象になりやすいし、高すぎれば個人投資家が買いづらい。オンライン証券のなかには１００株未満の株式（単元未満株）の売買サービスを提供しているところもあるが、一般に手数料が割高だし、売買できる価格が1日の決まったタイミング（後場寄り付きなど）に限られる場合が多いため、単元株のように自分の狙った株価で売買できるわけではない。

上場企業にしてみれば、一定数の単元株主はほしいものの、あまりに増えすぎると、さまざまな書類の印刷、郵送などのコストがかさむし、株主総会の会場も大規模な施設を用意しなければならなくなる。ただ、新型コロナウイルスの流行をきっかけにオンライン総会が試みられたこともあり、今後は株主数が多すぎることによるデメリットは軽減されていくだろう。書類の配布もこれまでは郵送が原則で、株主が同意した場合に限ってオンライン配布となっていたが、これからはオンラインが原則で、株主が要求した場合に限って郵送配布に切り替わる予定だ。

こうした制度面の整備も手伝い、東証は上場企業に対し、株価が500〜5000円の範囲に収まるように、株式分割や株式併合をすることを今後、強力に要請していくのではないかと思われる。

トヨタ自動車は2021年5月12日に1株を5株に分割する予定だと発表していたが、スケジュール通りに9月29日から分割後の取引がスタートした。9月28日の終値は1万385円だったから、それまでは1単元（100株）の売買をするのに約104万円が必要だったが、分割後は株価水準が5分の1になったため、1単元の売買に必要なおカネは20万円程度になった。

まだ図表3－8のように、東証1部には株価が1万円以上で、1単元の売買をするのに100万円以上の資金が必要な銘柄が2021年10月末現在で43ある。これらの企業がトヨタ自動車に続けば、現在は高すぎて個人投資家が手を出しにくい株式も、容易に個人の株式ポートフォリオに組み込めるようになり、個別株に分散投資をして資産形成に取り組みたいと考える人の利便性が高まるだろう。

挑戦意欲をもっと持つ

東証にはこうした地道な作業にも前向きに取り組む一方、株式会社としてもっと挑戦意欲を持ち、日本経済のなかでの存在感を高めてほしい。海外の取引所が試している暗号資産（仮想通貨）の上場や、特別買収目的会社（SPAC）の解禁に対して、慎重なこともわか

図表3-8 東証1部で1単元（100株）の購入に100万円以上が必要な43銘柄

	証券コード	銘柄名	2021年10月末終値（円）	購入に必要な最低金額（万円）
1	9983	ファーストリテイリング	75,510	755
2	6861	キーエンス	68,510	685
3	6273	ＳＭＣ	67,940	679
4	8035	東京エレクトロン	52,850	529
5	7974	任天堂	50,200	502
6	6532	ベイカレント・コンサルティング	46,900	469
7	7309	シマノ	31,580	316
8	6146	ディスコ	30,600	306
9	3697	ＳＨＩＦＴ	26,150	262
10	6920	レーザーテック	25,030	250
11	6367	ダイキン工業	24,890	249
12	9605	東映	22,370	224
13	6954	ファナック	22,310	223
14	4684	オービック	20,990	210
15	9843	ニトリホールディングス	20,855	209
16	4063	信越化学工業	20,255	203
17	6702	富士通	19,625	196
18	6806	ヒロセ電機	18,990	190
19	4661	オリエンタルランド	17,940	179
20	9435	光通信	17,550	176
21	3349	コスモス薬品	17,370	174
22	9022	東海旅客鉄道	16,900	169
23	7741	ＨＯＹＡ	16,725	167
24	7476	アズワン	15,560	156
25	3769	ＧＭＯペイメントゲートウェイ	14,440	144
26	1878	大東建託	14,120	141
27	6869	シスメックス	14,070	141
28	3391	ツルハホールディングス	14,050	141
29	4922	コーセー	13,190	132
30	4443	Ｓａｎｓａｎ	13,150	132
31	6758	ソニーグループ	13,140	131
32	5344	ＭＡＲＵＷＡ	12,710	127
33	6594	日本電産	12,570	126
34	9601	松竹	12,390	124
35	5947	リンナイ	11,660	117
36	6323	ローツェ	10,880	109
37	6645	オムロン	10,870	109
38	9663	ナガワ	10,780	108
39	4716	日本オラクル	10,750	108
40	7735	ＳＣＲＥＥＮホールディングス	10,570	106
41	6035	アイ・アールジャパンホールディングス	10,510	105
42	6383	ダイフク	10,450	105
43	6963	ローム	10,380	104

（出所）QUICK

るが、「やらない」と決める前に議論をし尽くして、世の中に対して選択肢を提示するぐらいのことはあってもいいのではないか。

東証は2021年10月1日にSPACの必要性を議論する研究会の初会合を開いたが、結論はともかく、知恵を絞るのはいいことではないか。新しいことに積極的に取り組み、収益源を広げていかなければ、眠り口銭のような既存の手数料収入に依存する経営からの脱却ができないし、せっかく採用した優秀な人材もチャレンジすることがなければ、だんだんと輝きを失っていく。

激しい手数料競争に直面するオンライン証券は、日本取引所グループの子会社の日本証券クリアリング機構（JSCC）が一手に手掛ける株式の清算業務の手数料が高すぎるとして、JSCCに対して善処を求めている。手数料が高い分、投資家のリターンが目減りするわけで、日本取引所グループとしても独占収益にあぐらをかき続けるわけにはいかないだろう。

東証はこれまで世間の顔色をうかがいながら事業を進めている受け身の会社だったのではないか。もちろん企業が発行する株式の売買を取り扱っているのだから、産業界の意向を無視して勝手なことができるわけではないが、世界の同業と比べて時価総額が大きく見劣りするのは、「挑戦する組織」としてのイメージに乏しく、世界の取引所運営ビジネスの最先端に立っていないからではないかと感じる。

2022年4月からの市場区分の見直しも、東証が本気で何かを変えようとしている表れなのか、単に看板を付け替えるだけのことなのか、まだ評価ができない。前節でも述べたように、筆者はプライムとグロースの関係をニューヨーク証券取引所とナスダックとの関係のように位置づけたら面白くなると考えているが、今回の改革からはそんな大胆さはうかがえない。

やりたいと思うことを世間に認めさせ、実行していくためには、東証が世の中からきちんと評価される組織にならなければ始まらない。日々正常に機能するのが当たり前で、システムトラブルを起こすたびに各方面から突っ込まれる宿命だから、やりにくい面もあるだろうが、世界では取引所は成長ビジネスだ。工夫の余地はいろいろあると思う。

第 4 章

奏功するか
企業統治改革

【原則４－８．独立社外取締役の有効な活用】

独立社外取締役は会社の持続的な成長と中長期的な企業価値の向上に寄与するように役割・責務を果たすべきであり、プライム市場上場会社はそのような資質を十分に備えた独立社外取締役を少なくとも３分の１（その他の市場の上場会社においては２名）以上選任すべきである。

また、上記にかかわらず、業種・規模・事業特性・機関設計・会社をとりまく環境等を総合的に勘案して、過半数の独立社外取締役を選任することが必要と考えるプライム市場上場会社（その他の市場の上場会社においては少なくとも３分の１以上の独立社外取締役を選任することが必要と考える上場会社）は、十分な人数の独立社外取締役を選任すべきである。

企業統治コードは社外取締役の増員を要請

1　社外取締役は役立つのか

女性社外取締役に問う

筆者は2021年11月中旬に大学時代の同窓生と共同で執筆した『既成概念を崩せ～息づく東大教養学科の精神～』（ブイツーソリューション）と題する対談本（誌上座談会）を出版した。同窓生で1年後輩の江川雅子氏は外資系証券会社やハーバード大学、東京大学に勤務した後、現在、一橋大学の教授をしながら、複数の大企業の社外取締役としても活躍している。

女性でもあり、「ザ・社外取締役」と言ってもいい人物だが、社外取締役の役割をめぐって誌上でちょっとやり取りをしたので、要約を再録してみる。

前田　指名委員会の委員を務める社外取締役は月1～2回、会議に出席するだけなのに、年1000万円を超える報酬を受け取っている人が多い。社長が選んだ後任者を審査してお墨付きを与えるだけならば、高額すぎるのでは。当該企業のトップにふさわしい人を世界から連れてくるような仕事ならば、高額報酬もわかるけれども。

江川 業績も順調で社長も立派な人ならば、社長の選んだ後継者でいいけれど、そうでないときもある。私は経験がないけれど、不祥事や業績悪化で社長交代にかかわった人の話を聞くと、毎日会議や電話・メールのやり取りで大変だったそうだ。それに、この数年間に社外取締役が会社のために使う時間は大幅に増えて、月に１～２回の会議に出席するだけでは務まらない。委員会が増えたばかりでなく、社外取締役だけで議論したり勉強会をしたり、経営陣と一緒にオフサイトで泊まりがけの議論をしたりすることもある。会社への理解を深めるために、工場や営業所、研究所を訪ねたり、社内の会議・研修に参加したり、現場の人たちと意見交換する機会も増えている。

前田 日本人は仕事を作るのが上手だからね。もっとも１９５８年に「仕事の量は、完成のために与えられた時間をすべて満たすまで膨張する」という法則を唱えたシリル・ノースコート・パーキンソン氏は英国の学者だから、日本に限ったことではないだろうが。企業から見ると、社外取締役に応対するために、せっかく雇った有能な従業員を充てなければならないマイナスもある。これを上回る価値を提供できるのか。報酬も年俸ではなく、出席・出社1回当たり3万円でいいのではないか。

江川　法的責任は社内取締役と同じなので、時間給の考え方はなじまないのではないか。社外取締役が過半数を占める指名委員会も、以前は執行側の案を確認・承認するという感じだったが、最近は実質的な議論が増えている。指名委員会が深く関与して次期トップを選考するときには、外部コンサルタントなどに客観的な評価を依頼することがある。複数のコンサルタントによる数時間のインタビューに基づいたレポートで、社長や社内の人が気づかなかったその人の側面が浮き彫りになることもある。社長さんが「ずっと同じ会社で一緒に仕事をしてきたからといって、各人をしっかり評価できているとは限らない」とおっしゃっていたこともあった。指名委員会は社長の意思決定を制約するというより、意思決定の質を高め、透明性を担保するものだと考えることもできるのではないか。

前田　企業経営はアートなのかサイエンスなのかみたいな話だ。でもバブルの頂点の1989年末に投資して、直近の元利合計（税引き前配当金を再投資した場合の現時点の資産額）が大きく膨らんだ企業のベストテンをいうと、ニトリホールディングス、日本電産、キーエンス、HOYA、東京エレクトロン、ユニ・チャーム、ピジョン、シマノ、村田製作所、ディスコの順になる。経営はアートのような気がするけど。もしサイエンスならば、早く人工知能（AI）が社外取締役に取って代わって、企業統治のコストを下げてほしい。

江川　指名委員会のもう一つの大きな役割はサクセッションプランニング（後継者育成計画）だ。次のトップ候補の議論ばかりでなく、次の次、さらに次の候補をどのように育成するかという議論に多くの時間を費やしている。その結果、優秀な人材を早期に選抜して育成する会社が増えてきたように思う。ただし、人材プールは常に見直し、入れ替えている。

活かせる企業はまだ少数派

社外取締役が上場企業の経営に本当に役に立っているのかどうか、正直なところよくわからない。月に1、2回の会合に出席するだけでは不十分と感じて、いろいろな活動をされるのはいいことのように思えるが、そのお世話をするために、企業が人材をはじめ、貴重な経営資源を割かなければならないのは負担だろう。人材豊富な大企業ならばいいが、中堅上場企業ならば、有能な社員には事業面での現場のリーダーとして活躍してもらいたいだろう。

経歴が立派な社外取締役を複数招き、ホームページに高らかな経営理念を掲げ、もっともらしいトップメッセージなどを載せている企業も多いが、実際に商品を購入したり、サービスを利用したりしようとすると、ホームページの記載からはとても想像できないようなぞんざいな対応をする企業もある。1社や2社の話ではない。経営陣と現場の意識が完全に遊離しているのだ。

社外取締役を上手に活用しながら成長している企業もあるのかもしれないが、まだ少数派だろう。会社法や東証のルールが要請しているからやむをえず導入しているが、雑音でしかないと感じている企業経営者も多いのではないか。

2　アウトパフォームするオーナー系企業

関連投信が高リターン

東京海上アセットマネジメントが運用している「東京海上・ジャパン・オーナーズ株式オー

図表4-1　アウトパフォームするオーナー系企業

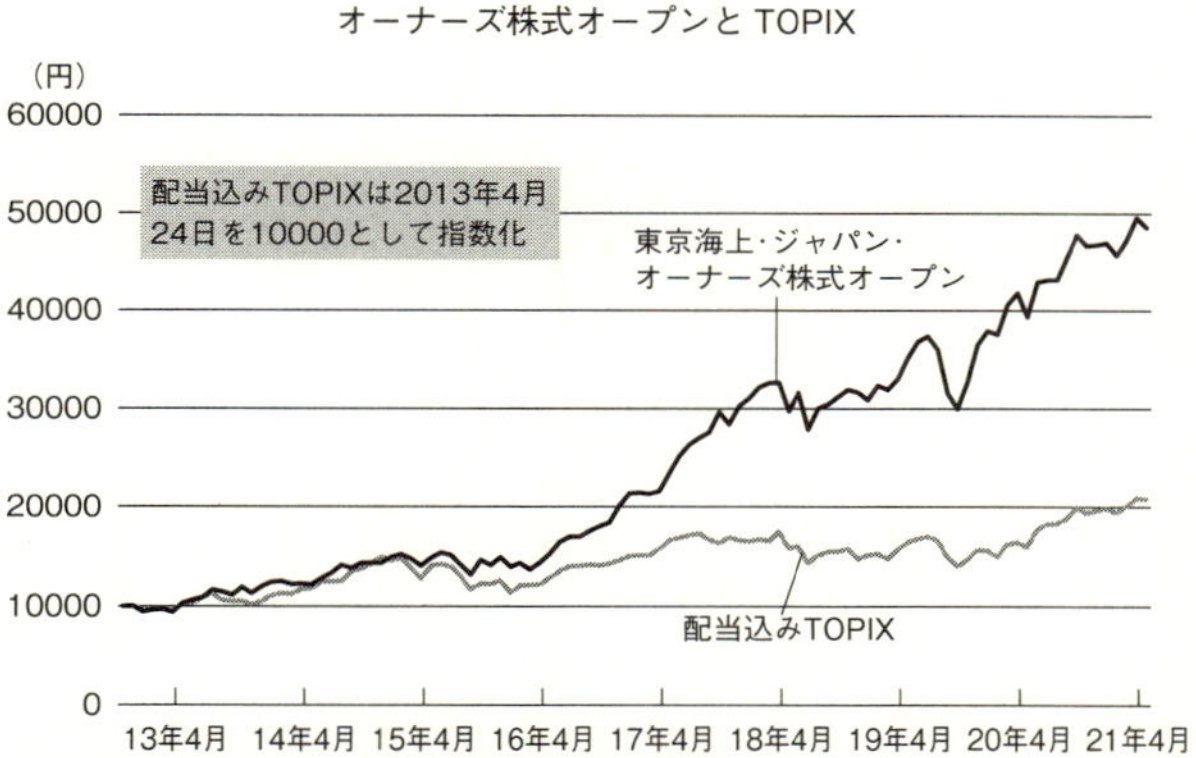

（注）直近は2021年10月26日。税引き前分配金を再投資したと仮定
（出所）モーニングスターのデータをもとに筆者作成

プン」という投信がある。2013年4月25日に設定され、8年を超える運用実績があるが、2021年10月26日までの基準価格の上昇率は税引き前分配金再投資ベースで385・8％（約4・85倍）に達していた。この間の配当込み東証株価指数（TOPIX）の上昇率は108・0％（約2・08倍）だから、株価指数の2倍を超えるペースで上昇してきたことになる（図表4－1）。

月末から月末にかけて投資をすると仮定した場合、1年持った場合のリターンは「2013年4月末から2014年4月末まで」に始まって「2020年9月末から

2021年9月末まで」の90通りあるが、オーナーズ株式オープンがTOPIXに負けたのは11回しかない。つまり、8年超の長期間、大幅にアウトパフォームしたというだけでなく、どの1年間をとってもほぼ常にアウトパフォームしているような投信なのだ。

2021年9月末現在の組み入れ上位10銘柄は月次リポートによると、SBSホールディングス、エアトリ、朝日インテック、リゾートトラスト、大塚商会、フジシールインターナショナル、ユー・エス・エス、カシオ計算機、オープンハウス、パーク24となっていた。個別の企業の経営実態について筆者は十分な知識を持ち合わせていないが、おそらく創業経営者ら一族が経営トップを務め、「○○商店」などと冷やかされることがある企業も多いのだろう。

運用担当者の銘柄選択眼が優れていることもあるのだろうが、創業経営者のDNAがしっかり組織に焼き付いているところは、米国のGAFAM（グーグル、アップル、フェイスブック、アマゾン・ドット・コム、マイクロソフト）とよく似ている。もちろんこうした企業にも社外取締役はいるが、経営に大きな問題がない限り、トップの任期は基本的に本人が引退を決意するまでであり、社外取締役を中心とする指名委員会の出番は限られるだろう。

株式を上場することは、上場時の公募・売り出しなどの資金調達行為に着目して一般にＩＰＯ（イニシャル・パブリック・オファリング）と呼ばれるが、英語ではゴー・パブリックということもある。身内だけが株主のプライベートカンパニーから、多くの一般株主を抱えるパブリックカンパニーになるということである。

強さの秘訣はどこに

パブリックカンパニーになれば、日々の経営を切り盛りする取締役は株主総会の決議によって選出され、取締役会でトップを選出することになる。しかし、オーナー系企業の場合にはそもそも株主総会の決議といっても、創業経営者やその家族が大株主として君臨しているわけだから、一般株主が取締役の選任に異議を唱えても、その意見が通ることはまずないだろう。

取締役にはオーナー一族のほか、番頭格の社員や、オーナーの依頼を受け入れた社外取締役が就任するわけだが、ほとんどのケースで創業経営者が自動的にトップに選出されるだろう。オーナー一族の世代交代の端境期に、オーナーの眼鏡にかなった非一族の社員が過渡期のトップに就くことはあるが、大株主でもあるオーナー一族が「もう経営からは手を引き、大株主として見守るだけにする」とでも宣言しない限り、いつまでも世襲が続く可能性が大きい。

今や多くの一般上場企業は、大株主の筆頭がインデックス運用の資金であり、株式保有構造は分散していて、トップは指名委員会が審査して選んでいる。どちらが長期的に企業価値を高めることができるのだろうか。もちろんサラリーマン経営者はすべてダメとか、オーナー経営者は企業家精神の点で数枚上手だなどと断言できるようなものではない。

しかし、企業統治を強化すべきだとの議論がどんどん高まる時代のなかで、その流れに逆行するような「東京海上・ジャパン・オーナーズ株式オープン」が目を見張る運用成績を上げていることは、「社外取締役ガバナンス」などにはあまり大きな期待を持てないことの何よりもの表れではないか。

チェックリスト資本主義の弊害

上場企業になると、金融庁と東京証券取引所が2015年に導入したコーポレートガバナンス・コード（企業統治指針）の順守が求められる。一応、順守しなくてもその理由を説明すればいい（コンプライ・オア・エクスプレイン）というソフトローなのだが、すべての株主が納得するような適用除外理由を考えるのはたいへんなので、多くは守ることになる。

経営者がその意義に疑問を感じていても、面倒だから指針を守ることにしている現状を「チェックリスト資本主義」と皮肉る向きもある。小学生の修学旅行の持ち物リストチェックでもあるまい。オーナー系企業のすべてがいいわけではないが、企業の躍動感を損ねるようなチェックリストも願い下げである。

なお、誤解してほしくないが、「オーナーズ株式オープン」の運用成績がよかったからといって、今後もオーナー系企業の株価が市場の平均よりも大幅に上昇するとか、同様の発想で設計される投信が新たに出たとして、良好な成績が得られる可能性が大きいとかいうことを言いたいわけではない。

第5章で紹介するＥＳＧ（環境・社会・企業統治）投資も同じことだが、株価は生き物であり、1つの投資テーマが当たったという見方が広がると、対象になりそうな銘柄群の株価は先に上がってしまうことが多い。上がってしまった株価がさらに上がるかどうかは何ともいえないわけで、テーマにつられて後から買う投資家は高値づかみをすることになる恐れがあるから、注意が必要だ。

3　企業経営はアートかサイエンスか

創意工夫を奪うルールは弊害

どんなことでも要素に分解して関係性を定義づけていけば、科学的に解明できるという立場をとるのならば、企業経営も今後、解析技術が進歩していけば、サイエンスということになるのだろう。経営学修士（ＭＢＡ）を輩出するビジネススクールがケーススタディーに力を入れているのは、企業経営は科学だと考えているからなのかもしれない。

しかし、現実に認識できることだけを言えば、同じ業界で切磋琢磨《せっさたくま》している企業同士でも、経営の巧拙によって長期的に優勝劣敗が生まれている。第３章第２節（ＰＢＲ１倍割れでも平気なおかしさ）でも触れたように、バブルピークの１９８９年末に株式を買った場合でも、その後の31年余りの間に株価が10倍以上になった13銘柄は、経営者の目の付けどころ、事業に対する熱意、ビジネスモデルのユニークさなどの点で、群を抜いている印象がある。

だとすれば、企業の創意工夫を奪うようなルールや指針は極力少なくすべきではないだろうか。株式を上場して一般投資家にも売買してもらう以上、投資家が不当に不利益を被らないような一定のルールは必要だとしても、箸の上げ下ろしまで細かく規制するような「チェックリスト資本主義」は控えるべきではないだろうか。

筆者は必ずしも全面的に賛成しているわけではないが、上場企業の経営者が株式上場のメリットとコストをどう考えているのかを示す一例として、カルチュア・コンビニエンス・クラブ（ＣＣＣ）の社長で創業経営者の増田宗昭氏が２０１１年にＭＢＯ（マネジメント・バイ・アウト、経営陣が参加する買収）によって上場を廃止したいと表明したときに掲げた理由を紹介してみよう。

なお増田宗昭氏が書いた原文はもうインターネット上の検索では見つからないため、以下の文章はＭＢＯに対して賛同も反対もしないことを表明した２０１１年2月3日付の取締役会決議の内容を伝える「ＭＢＯの実施及び当社株式等に対する公開買付けに関する意見表明のお知らせ」から関連部分を引用している。

ＭＢＯで上場廃止の弁

「対象者（ＣＣＣ、筆者注）は上場会社の責務として市場との対話を充実させるための積極的かつ詳細なＩＲ活動を実施して参りましたが、増田宗昭氏は、『世界一の企画会社』を目指している対象者にとっては、ＩＲ活動の中で、企画会社としての対象者の経営戦略等の企業情報を提供すればするほど、新規事業に関する対象者のコア戦略が競合他社に模倣され易くなる結果、収益の機会損失に繋り、ひいては株主その他加盟店及び従業員を含む各ステークホルダーの中長期的な価値を毀損する可能性も否定できないという、企画会社が上場しているが故の問題も抱えていると考えております」

「加えて、増田宗昭氏は、当面、エクイティ・ファイナンス活用による大規模な資金調達の必要性がなく、かつ既にブランド力・信用力等も備えた対象者にとって、上場を維持するメリットが薄れてきているにもかかわらず、近年、資本市場に対する規制が急速に強化されていることに伴い、上場を維持するために必要な様々なコスト（会計基準の厳格化、J－SOXの導入、IFRS準拠による開示項目の変更、有価証券報告書等の継続開示に係る費用等）の増大化が見込まれ、上場を維持することが対象者にとって必要以上の経営負担となる可能性があると考えております」

このお知らせでは、増田宗昭氏が指摘するこれらの点について、当時のCCCの取締役会も「同様の問題意識を共有するに至っております」と付け加えている。

当時は2001年から2002年にかけて米国で起きたエンロン事件、ワールドコム事件といった粉飾決算などの企業会計不祥事を受けて、米国で2002年に制定されたサーベンス・オクスリー法（SOX法、上場企業会計改革および投資家保護法）にならい、日本でも企業の内部統制の強化が要請されていた。J－SOX（日本版SOX法）とは2006年に制定された「財務報告に係る内部統制報告制度」のこと。2008年から適用されたが、導入前からコストと有効性をめぐって、関係者の間で議論が続いていた。

この理屈で言えば、コーポレートガバナンス・コードの適用も、複数の社外取締役の導入義務付けも、創業精神あふれる上場企業の経営者にとってはコストに違いない。ある大手飲料メーカーの経営者に、まだグループ企業の株式を上場していなかったころ、社外取締役に何かを期待できるかどうか聞いたことがある。「企業の経営はわれわれが日々、真剣にやっていることだ。その現場を知らない社外取締役の意見なんて役に立つはずがない」と言っていた。

いろいろなことがあっても、今でも企業の優勝劣敗は進み、上場来高値を更新するようなところも出てきているから、さまざまな規制の強化が企業経営の自由度を奪い、将来への発展の芽を摘んでいるというほどのことでもないのだろう。

上場して、面倒だと思いながらもさまざまな規制に服することが、コンプライアンス経営をしている証しになり、取引先が広がったり、他の企業との協業の機会が増えたりするメリットもあるから、内部統制もコーポレートガバナンス・コードも「余計なことだ」といって排するわけにはいかない面もある。

とはいえ、各種の規制が企業にとってコスト高にならないように細心の注意を払うことは忘れないようにしたい。生き物である企業が死んでしまう。

4　優れた社外取締役とは

企業の一大事に姿が見えない

２０２１年に繰り返されたみずほ銀行のシステムトラブルは、技術的な問題もいろいろあったと思われるが、それよりも社内の報告、顧客に対する対応など「少なくともこれくらいはできたのではないか」という程度のことが、何もできていなかったことを露呈した。金融機関としての経営の基本が忘れられていたといってもいいだろう。しかし、この種の不祥事が起きるたびに感じるのは、いざというときには株主の価値を守るために行動しなければならない社外取締役の姿がまったく見えないことだ。

みずほフィナンシャルグループでいえば、法定の指名委員会や報酬委員会もある「指名委員会等設置会社」だから、社外取締役は多く、法曹界の重鎮、化学メーカーの大御所をはじめ、６人がそろっている。取締役は全部で13人だから、半数弱が社外ということになる。しかし、日程調整もたいへんそうな人たちばかりなので、今後のみずほグループの事業運営のありようをめぐって日々、鳩首凝議《きゅうしゅぎょうぎ》するなどということは恐らくないのだろう。

いざというときには経営陣に代わって企業をリードできるような経歴や識見を備えた人を集めているのにもかかわらず、あまり役に立っていないのではないか。「お飾り」といっては言い過ぎかもしれないが、大企業では「顧問」でもいいような人たちが社外取締役に就いている例が多い。

原子力発電所が立地する福井県高浜町の元助役から役員ら20人が総額3億2000万円相当の金品を受領していた関西電力の問題では、社内出身の監査役とともに社外監査役が批判された。この不祥事は2019年9月に明るみに出たが、経営などに不当行為があることを知った監査役は、会社法で取締役会への報告義務を負っている。責務を果たさなかったのならば、社外役員としての報酬を返却すべきだが、そうした話も聞かない。

2011年にオリンパスの損失隠し事件で疑惑を指摘し、解任された英国人のマイケル・ウッドフォード元社長は当時、上場制度の変更を計画していた東証のパブリックコメント募集に対して意見を寄せ、「独立社外取締役が少数いたところで、大勢の社内取締役が取締役としての法的義務や忠実義務を真に理解していない現状では、十分な役割を果たせない」「東証は上場企業に対し、取締役の就任前及び就任後の教育訓練の諸方針、並びに教育訓練を受けた人の取締役の氏名、内容、時間の公表を求めるべきだ」と訴えた。

ウッドフォード氏は社内取締役の義務違反を問題にしたが、社外取締役や社外監査役も似たような状況にあり、今日までほとんど変わっていないことは、みずほフィナンシャルグループや関西電力の事例が如実に示している。

概念を何度も繰り返し刷り込む

公益社団法人会社役員育成機構（ＢＤＴＩ）という２００９年に発足した組織がある。米国で経営学修士（ＭＢＡ）と弁護士資格を取得した後に来日し、投資銀行勤務の後にＭ＆Ａ（合併・買収）助言会社を立ち上げ、数々の社外取締役を務めてきたニコラス・ベネシュ氏が設立したものだ。

設立前にベネシュ氏から「こんな組織を作ろうと思うが、成功すると思うか」と聞かれたので、「日本社会の社外取締役の役割に対する期待度などを考えると、60％の確率で失敗すると思う」と答えた覚えがあるが、今でも社内・社外の役員や社内の執行役員に対する研修業務に精力的に取り組んでいる。

ＢＤＴＩのプログラムをみると、会社とは何か、取締役とは何か、監査役とは何か、社外役員の存在意義、知っておくべき法律や制度、実践へのヒントなどを繰り返し教えるようになっている。「そんなことは本をちょっと読めばわかるのではないか」と感じてしまうのが日本流だが、概念を何度も繰り返しすり込むのが米国流なのかもしれない。

企業の取締役は概念を大切にし、常に原理・原則に戻ってさまざまな課題に対処できるような人材でなければ、取締役を名乗る資格がない。会社経営に関係するさまざまな法律や規則、指針に精通し、コンプライアンス経営を保証するような任務を担わなければ、報酬を払うに値しない。企業に一大事があれば、寝食を忘れてでも、リスクを最小限にするために指導力を発揮しなければ、存在意義がない。

企業が社外取締役に多額の報酬を払うことを株主が容認しているのは、功なり名を遂げた人に役得を与えるためではない。いざというときにきちんと機能を発揮してくれることを期待してのことだ。傍観者になっていていいはずがない。

晩節をけがしたくないのならば、安易に社外取締役の就任要請などを受け入れてはならないだろう。決して名誉職ではなく、報酬に見合った確実な働きを求められていることを忘れてはならないと思う。

第 5 章

EGS投資の落とし穴

GPIF は虎ノ門ヒルズに入居する

1　GPIFで有効性めぐり大議論

「余計なことを考えてはいけない」

２０１５年９月に国連責任投資原則（ＰＲＩ）に日本の組織として初めて署名した年金積立金管理運用独立行政法人（ＧＰＩＦ）は、日本がＥＳＧ（環境・社会・企業統治）投資に積極的なことの象徴のように語られることがある。株式運用の大半はインデックス投資であり、ＥＳＧ企業の株式も非ＥＳＧ企業の株式も見境なく保有しているのだが、２０１７年７月にＥＳＧ指数に連動する投資を始めたこともあり、この分野の先頭集団とみなされているのだ。

しかし、ＧＰＩＦは約２００兆円の公的年金積立金を運用しているとはいえ、独立行政法人として厚生労働省の指導監督下にあり、公的年金制度を運営するという大きな行政行為のなかでは、厚生労働省の手足にすぎない。頭を務める厚生労働省は法律に基づき、ＧＰＩＦ

に対して「他事考慮の禁止」を求めている。目標利回り達成に向け、最小のリスクで効率的に年金積立金を運用すること以外の余計なことを考えてはいけないのだ。

厚生年金保険法第79条の2では「積立金の運用は、積立金が厚生年金保険の被保険者から徴収された保険料の一部であり、かつ、将来の保険給付の貴重な財源となるものであることに特に留意し、専ら厚生年金保険の被保険者の利益のために、長期的な観点から、安全かつ効率的に行うことにより、将来にわたって、厚生年金保険事業の運営の安定に資することを目的として行うものとする」と規定している。国民年金法第75条にも同じ趣旨の記述がある。

これを受け、GPIF法第21条では「運用は、安全かつ効率的に行わなければならない」と定めている。厚生労働省が定めた「GPIFが達成すべき業務運営に関する目標」（中期目標）では「財政の現況及び見通しを踏まえ、保険給付に必要な流動性を確保しつつ、長期的に積立金の実質的な運用利回り（積立金の運用利回りから名目賃金上昇率を差し引いたものをいう。）1・7％を最低限のリスクで確保すること」を要請している。

ESG投資という言葉はどこにも出てこないのだが、こうした制約のなかでGPIFが独自の判断でESG投資に踏み切るに当たっては、その投資方法の採用が年金積立金の運用成績を悪化させるものではないことをきちんと立証する必要があるのではないかと思われる。

有効性の証明は難問

しかし、その証明はそんなに簡単なことではない。「ＥＳＧは時代の流れだから、ＥＳＧ経営に力を入れている企業に対する社会的要請は高まる方向と思われ、株価は非ＥＳＧ企業に比べて上昇しやすいのではないか」というイメージを持つ人は多いかもしれないが、株価は生き物である。将来の見通しが明るい企業の株価は、買う前にすでに高くなっていて、その後の値上がりが限られることは至るところで起きることだ。

図表５－１はＧＰＩＦが採用しているＥＳＧ指数の年間の上昇率をベンチマークである配当込み東証株価指数（ＴＯＰＩＸ）やＭＳＣＩ全世界株指数と比較したものである。２０１７年４月から２０２０年３月にかけては総じてベンチマークを上回るリターンを確保したものの、２０２０年度は日本株４指数中３指数と、外国株３指数のすべてがベンチマークを下回った。

ＥＳＧ指数への連動を目指す投資は、実は法令との関係で問題になっている。前段で述べ

図表5-1 GPIFが採用したESG指数のパフォーマンス

	運用期間	2020/4～21/3		2019/4～20/3		2017/4～19/3	
	ベンチマーク収益率	TOPIX42.13 ACWI60.21		TOPIX▲0.14 ACWI0.92		TOPIX4.90 ACWI8.95	
		指数騰落率	対BM	指数騰落率	対BM	指数騰落率	対BM
日本株	MSCI ジャパンESGセレクト・リーダーズ指数	38.90	▲3.23	2.24	2.38	5.17	0.28
日本株	MSCI日本株女性活躍指数	37.49	▲4.65	1.99	2.13	5.55	0.65
日本株	FTSE Blossom Japan Index	43.93	1.80	0.15	0.29	3.90	▲0.99
日本株	S&P/JPX カーボン・エフィシエント指数	41.95	▲0.18	0.10	0.24	5.10	0.21
外国株	S&P グローバル・カーボン・エフィシエント大中型株指数（除く日本）	58.22	▲1.99	1.28	0.36	9.16	0.21
外国株	MSCI ESGユニバーサル	59.34	▲0.87				
外国株	モーニングスターGenDi	58.38	▲1.83				

（注）単位％、▲はマイナス。ベンチマーク（BM）は日本株は配当込みTOPIX、外国株はMSCI全世界株指数（ACWI、除く日本）
（出所）年金積立金管理運用独立行政法人（GPIF）「ESG活動報告」

た「他事考慮の禁止」の重要な要素として、厚生労働省はGPIFに対し、個別銘柄の選別投資をしないことを要請している。特に、特定銘柄を投資対象から除外するネガティブ・スクリーニング（ダイベストメント）に神経質になっている。

例えば2017年にGPIFの外国株投資をめぐって一部で話題になったことだが、米国の大手軍需関連企業の株式を保有することは人道に反するのではないかという指摘を浴びた。ナパーム弾などの大量破壊兵器を製造する「死の商人」に投資活動を通じて手を貸すのはおかしいというわけだ。

ダイベストメントをしないのならば

もちろんGPIFは積極的にこうした企業の株式を保有していたわけではなく、外国株に対する指数連動型投資の一環として、指数採用銘柄の株式をまんべんなく保有していて、そのなかに問題視される企業が含まれていたというだけである。このような受け身の投資にもかかわらず、問題企業の株式を外すとすると、運用成績と指数とのズレが生じるだけでなく、「では日本たばこ産業（JT）の株式はどうなのか」「火力発電に依存している電力会社の株式はどうなのか」という議論に発展する可能性がある。

このときにGPIFが問題企業の株式を保有し続けるにあたって使ったのが「法律によって他事考慮が禁止されている」という理屈だった。日本でいえば、上場廃止が決まり、整理銘柄に指定されるなど、誰が見ても投資対象にはならないだろうと思われる銘柄を除いて、GPIFが勝手に投資対象から外してはいけないというわけだ。

もちろん例えば国内株式の運用では全体の運用額の約1割をアクティブ運用に振り向けていて、その部分はGPIFから運用を受託した機関投資家が銘柄を選別して投資している。ただ、この選別は運用成績を高める目的で個々の機関投資家がやっていることであり、GPIFが選別しているわけではないから、他事考慮の禁止に抵触するわけではない。

しかし、ESG指数への投資は微妙なのだ。市場にすでに存在していた指数ではなく、指数の開発や運用に携わる会社がGPIFと共同で練り上げた指数で運用しているのだが、例えば「東証1部上場銘柄のなかから、一定の基準を満たす銘柄をESG指数の組み入れ対象にする」といった指数ではないことが、ややこしい問題を招いている。

この種の指数は定期的に銘柄を入れ替える必要があり、そのためには選定の可能性がある銘柄群（母集団）のESG経営への取り組み具合を定期的に点検しておかなければならない。東証1部上場企業全体を母集団にすることもでき、そうすれば他事考慮の禁止規定には抵触しないものの、何しろ銘柄数が多いから、年1回あるいは2回、銘柄調査などに膨大な手間とコストを掛けなければならない。

だから、母集団に入れるかどうかでの「予備選抜」があり、時価総額が小さい企業、不祥事を起こした企業、ＥＳＧ経営に反すると報道された企業などをあらかじめ母集団から除外してしまうことが多い。この選定過程が他事考慮の禁止に抵触する疑いがあると指摘されているのである。

ＧＰＩＦの最高意思決定機関の経営委員会でも２０２１年に入り、この問題について議論を積み重ねているが、議事概要を読む限り、どういうふうに問題点を整理したのか、いまひとつはっきりしない。きちんと年金積立金を膨らませてくれる限り、法令との関係などはあまり一般の関心を呼ばないだろうが、運用成績が悪化した場合に大きな問題になる恐れがあるといえそうだ。

2　議決権行使助言会社のことはじめ

米ワシントン近郊で産声

株主利益の極大化を追求しようとする企業経営のありように歯止めをかけようと、別の尺度を持ち出そうとする動きは、今に始まったことではない。議決権行使助言会社の大手といえば、米国のＩＳＳ（インスティテューショナル・シェアホルダー・サービシーズ）とグラスルイスが著名で、両社でほぼ１００％のシェアを占めているが、ＩＳＳは１９８５年に米ワシントン近郊のメリーランド州ロックビルに設立されたちっぽけなオフィスだった。

当時、米ワシントンにはインベスター・レスポンシビリティー・リサーチ・センター（ＩＲＲＣ）と題する組織があって、企業の株主総会議案などを地道に分析し、契約先の機関投資家に情報提供してきた。意に沿わない企業の株式は売却するというのがウオールストリート・ルールだが、年金や財団、大学の基金、宗教団体の基金などを運用する機関投資家は大量の保有株を簡単に売ることはできない。そこで議決権行使を通じて企業に影響力を行使しようという発想ではなかったかと思う。

米国では「議決権行使も株主の重要な権利であり、これを無駄にしてはならない」という考え方が定着している。機関投資家の受託者責任を定めた法律としては、１９７４年に制定された従業員退職所得保障法、一般にはエリサ法（エンプロイー・リタイアメント・インカム・セキュリティー・アクト）と呼ばれているものが著名だが、この法律は議決権行使については何も触れていない。

しかし、その後、企業経営者が機関投資家に対し、会社側提案に反対票を投じないように圧力を掛ける行為が相次いだため、米労働省が複数の年金基金の議決権行使状況を調査し、その結果を踏まえて1988年2月に化粧品メーカーのエイボンの年金基金の受託者に対し、経営者の圧力行使を警告する書簡を送るに至った。この「エイボン・レター」が議決権行使を事実上、義務付ける発端になった。

エイボン・レターのポイント

そのポイントは「年金基金が保有する株式の議決権行使は、受託者（年金基金や機関投資家）がなすべき資産運用行為に含まれている」「受託者はもっぱら加入者の利益のために、思慮深く議決権を行使しなければならない」などである。

総会議案への賛否を決めるのはあくまでも年金基金や運用を受託した機関投資家だという考え方から、ＩＲＲＣは総会議案を分析し、情報を機関投資家に提供する業務にとどめていた。1990年代前半に米ワシントンに駐在していた筆者は、ニューヨークのある巨大基金に取材に行き、「議案の分析のために人を割き、議決権行使などの面倒なことをするのはコスト高ではないか」と尋ねたことがある。

そのときの基金側の答えは「いや、議決権行使はもうかるのです。われわれは専門の組織を作って精力的にこの業務をしている」ということだった。

ブルッキングス研究所の建物のなかにあったＩＲＲＣにもよく取材に行った。財団や機関投資家の支援を受けて設立された経緯もあり、公益目的の研究機関のような印象だった。当時、米国の年金基金などは日本企業の株式も保有していたが、日本企業に対して議決権行使をすることはまれだった。「エイボン・レター」もどんなコストを掛けてでも議決権行使をすべきだと言っていたのではないから、当時の通信事情などを踏まえると、日本企業の議決権行使にはコストがかかり、割に合わないという判断をしていたようだ。

後発ＩＳＳがＩＲＲＣを買収

後発のＩＳＳは最初からビジネス集団を目指していたようだ。機関投資家の議決権行使を商機ととらえて、総会議案の分析に取り組んでいた。ＩＲＲＣとの最大の違いは、賛否のどちらの票を投じるべきかの推奨をしていたことだ。結局、そのビジネスモデルが功を奏したのだろう。事業はどんどん伸び、2005年7月にIRRCの議決権行使関連ビジネスを買収するに至った。IRRCの非推奨型の調査は高い評価を得ていたが、経営は苦しかったといわれている。

1990年代は今日のように温暖化ガスの排出削減に絡めてESGが強く言われていたわけではない。議決権行使に絡んで問題になったのは、南アフリカのアパルトヘイト（人種隔離政策）を支援しているのか、チャイルドレーバーに関与しているのかなどの企業行動だった。たばこや武器を製造している企業、ギャンブル関連の企業もよくやり玉に挙げられた。経営者報酬の高額化もしばしば問題視された。

同業のグラスルイスは2003年に設立され、日本にも拠点があるが、まだ従業員数360人の小ぶりな存在だ。ISSはESG投資の波に乗って世界に拠点を広げており、従業員数も1000人を数える。ほかに議決権行使助言で定評ある会社としては、英国のフェデレーテッド・ハーミーズEOSが知られている。

2020年11月にはドイツ取引所がISSの成長を見込んで、発行済み株式の80％を取得し、傘下に収めることを決めた。ＩＳＳが世界に持つ４０００以上の年金基金やヘッジファンドの顧客との接点を取引所として取り込み、ＥＳＧ時代の情報提供ビジネスの雄になろうというのが、ドイツ取引所の狙いである。

ＥＳＧ投資の有効性の問題はさておいて、証券周りのビジネスは日々、進化している。大きな潮流から日本が取り残されているのではないだろうか。

3 「ESGだから投資する」に意味があるのか

日本でも急増するＥＳＧ投資

ところでＥＳＧ投資とは何なのだろうか。世界持続的投資連合（ＧＳＩＡ、グローバル・サステナブル・インベストメント・アライアンス）が２０２１年7月に公表した「グローバル・サステナブル・インベストメント・レビュー２０２０」によると、世界のサステナブル投資の残高は２０２０年時点で35兆３０１０億ドルに達したという。

2018年の前回集計では30兆6830億ドル、2016年の前々回集計では22兆8390億ドルだったから、2年間で15・1％、4年間で54・6％伸びた計算だ。地域別では先駆した欧州が減少した一方で、米国やカナダが大幅に増やした。日本も2016年には4740億ドルだったのが、2018年には2兆1800億ドルに増え、さらに2020年には2年前比31・8％増の2兆8740億ドルに膨らんだ。

図表5－2に示す通り、GSIAではサステナブル投資を7つの戦略に分類している。残高が25兆1950億ドルと最も多いのは、投資にあたって財務指標だけではなくESG指標も参照するという「ESG統合」だ。次いで反社会的あるいは非倫理的な事業を展開している企業を投資の対象から外す「ネガティブ・スクリーニング」が15兆3000億ドルとなっている。この投資手法は「ダイベストメント」とも呼ばれている。

次に企業との対話や議決権行使を通じてESG経営を促す「エンゲージメント・議決権行使」が10兆5040億ドル、「国連グローバル・コンパクト」などESGに関する国際基準に照らし合わせ、基準をクリアしない企業を投資対象から除外する「規範に基づくスクリーニング」が4兆1400億ドル、持続可能性を重視して投資先を選んでいるファンドに投資

図表5-2 ESG投資には7つのアプローチ

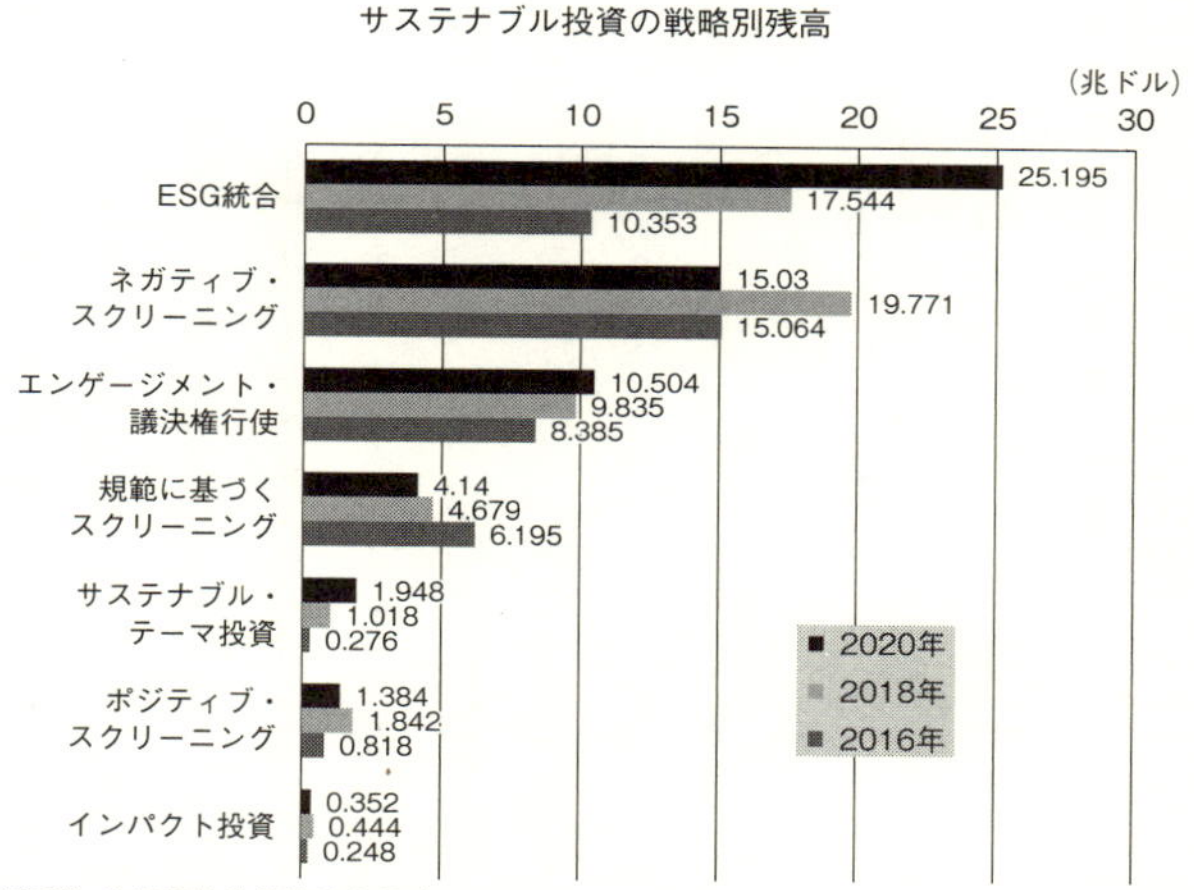

（出所）世界持続的投資連合「グローバル・サステナブル・インベストメント・レビュー2020」

する「サステナブル・テーマ投資」が1兆9480億ドル、企業の事業活動を分析して社会問題や環境問題で主導権を発揮している企業を選んで投資する「ポジティブ・スクリーニング」が1兆3840億ドル、社会や環境に貢献する技術やサービスを提供している企業に投資する「インパクト投資」が3520億ドルとなっている。

戦略別残高を合計すると、58兆ドルを超え、サステナブル投資残高の35兆ドル強を上回るが、複数の戦略を採用している資金があるためだ。

世界全体では前段までに示した順序

なのだが、日本でのESG投資で採用されている戦略の順序はやや異なる。「ESG統合」が最も多いのは同じだが、次いで「エンゲージメント・議決権行使」「ネガティブ・スクリーニング」「規範に基づくスクリーニング」「ポジティブ・スクリーニング」「サステナブル・テーマ投資」となり、「インパクト投資」はほとんどない。

日本で「ネガティブ・スクリーニング」の順位が低いのは、GPIFが他事考慮の禁止というルールに縛られ、特定銘柄を投資対象から外せないためであろう。世界のESG投資のリーダーでもあるノルウェー政府年金基金はダイベストメントを全面的に採用しており、例えば日本株でも電力会社のうち火力発電への依存度が高い企業や、JTの株式は保有していない。

特別な投資手法ではないはず

「ESG投資とは何か」という最初の問題に戻ろう。誤解を恐れずに言えば、個人投資家は好き嫌いで投資対象の銘柄を選ぶことが多いだろうが、機関投資家はリターンを上げるという責任を負っているから、奏功するかどうかは別として、企業の財務内容や成長力を分析して投資対象を選ぶだろう（アクティブ運用の場合）。

企業は一般に顧客や社会に価値ある商品やサービスを提供して、従業員に賃金を支払い、株主にリターンを提供する。現在、温暖化ガスを大量に排出するような事業に取り組んでいたとしても、今後は社会からの批判も浴びるし、事業資金も調達しにくくなると考えれば、カーボンニュートラルを目指して事業を組み立て直そうとするのは、自然なことである。

もちろん既存の製造設備を廃棄するのは会計上のコストがかかることだし、環境にやさしい事業をするといっても関連技術が安価に利用できるかどうかは何ともいえない。さまざまな要素をどう判断し、どれくらいの費用を掛けてどれくらいのタイムフレームでやるのかはまさに経営判断であり、これに対して、あまり動きが鈍ければ、各方面からの批判を浴びるという構図でもある。

ＥＳＧ経営の強化なのか、非ＥＳＧ経営からＥＳＧ経営への転換なのかは業種や企業によるだろうが、こうした企業の経営動向を分析して投資するかどうかを決めるのは、通常の投資行為と何ら変わらないのではないか。企業の将来性を分析して買うかどうかを決めているだけだからだ。

機関投資家が外部への宣伝のために、これをESG投資だと称するのはわからないわけではないが、通常業務と特段の違いはない。「新たにESGアナリストを雇って専門的な分析をしている」という機関投資家もいるかもしれない。しかし、ファンドマネジャーはあらゆることに精通しているわけではないから、環境でもブロックチェーンでもバイオテクノロジーでも、新たに脚光を浴びている分野があるのならば、専門家を雇って分析するのは、受託者責任を果たすうえで当然ではないか。

もちろんブティックのような小ぶりな機関投資家のなかには「当社はリターンがどうこうというよりも、社会に役に立つ事業を展開している生真面目な企業を選んで投資している」「当社は経営危機にひんしている企業の再生可能性に賭ける投資をしている」などとユニークなところもあるだろう。しかし、「当社はESG指標だけを見て投資判断をしている」などというところがあるとは思えない。それは本当のESG投資家もしれないが、リターン追求の責任を果たせないように感じる。

4 投資家の姿勢示すダイベストメント

「投資としての正しさ」を追求

本章第2節の「議決権行使助言会社のことはじめ」で示したように、今日のESG投資のルーツには問題企業を投資先から排除するダイベストメントがある。その発想の裏には社会の規範を無視するような事業活動によって利益を上げる企業があったとしても、その企業の株式を組み入れることによって得られるリターンは取り込まなくていいという資金運用者側の判断が伴っている。

1994年に南アフリカがアパルトヘイトを撤廃したのは、1950年代から国連が南アフリカに対してさまざまな圧力を掛けてきた成果でもあるが、世界の機関投資家が南アフリカの企業の株式の保有をやめたことも大きな圧力になった。チャイルドレーバーはまだ克服されたとはいえないが、チョコレートなど疑われやすい商品を作っているメーカーのなかには、製品に「チャイルドレーバーフリー（児童労働に頼っていない）」と明記しているところもある。

2021年に入っても、ファーストリテイリング（ユニクロ）の綿製シャツがウイグル族の強制労働によって作られているのではないかとの疑いを呼び、米当局から輸入禁止措置に違反したとして、輸入を差し止められることがあった。こうした疑いを払拭できなければ、株式がネガティブ・スクリーニング戦略を取り入れている機関投資家の投資対象から外されたり、ESG指数の選定対象の母集団に入れなかったりすることがある。

チャイルドレーバーにしてもウイグル族の強制労働にしても、これらに依存する企業は製品の製造コストを引き下げることが目的なので、ライバル企業に比べてより多くの利益を確保することができ、株価も上がりやすいかもしれない。そのリターンをあえて取り込まないというのだから、ダイベストメントは投資リターンを犠牲にして「投資としての正しさ」を求める行動のようにみえる。

本章の第1節で述べたように、年金積立金管理運用独立行政法人（GPIF）はダイベストメント戦略を取り入れていない。やり始めると、産業界との摩擦も避けられないからではないかと感じる。

投資リターンと「投資としての正しさ」のどちらを取るかという議論ならば、公的年金という国民資産の運用だから、国民の意見を踏まえる必要がありそうだが、どちらかが絶対にダメだという話でもないだろう。少しでも年金の原資を増やすべきだという声もあろうが、社会にマイナスの事業をしている企業への投資リターンなど取り込まなくていいという声もあろう。

対話を通じて働きかけるというが……

ただ、ダイベストメントをしないのならば、日本のESG投資のリーダーを自認している投資家として、何をするのかという問題が浮上する。「非ESG企業の株式を売ってしまえば、エンゲージメント（対話）を通じて企業に影響力を行使できないが、株式を持ち続けていれば、エンゲージメントを通じてESG経営への転換を促すことができる」というのが、今のところのGPIFの理屈だが、そもそも公表している「ESG活動報告」を読んでも、具体的にどの企業にどんな働きかけをしたのかの報告は見当たらない。

GPIFがインハウス運用（自らファンドマネジャーを雇い、直接運用すること）をしているわけではないし、個別の投資先企業の問題点を細かく書くわけにはいかないのだろうが、本来ならばダイベストメントの対象になりそうな企業が何社ぐらいあって、経営上の問題点はどんな類いのことで、どんな時間軸でどんな目標の達成を求めているかぐらいは、書いてあってもよさそうなものだ。

筆者はあまりエンゲージメントの有効性を信じていない。企業を買収する、あるいはアクティビストとして投資先企業に変革を迫り、投資リターンをものにするといった目的があれば、相手先企業を徹底的に分析し、反論の余地がないくらいにしっかりと主張を組み立てるだろうが、そこまでの真剣さがエンゲージメントをする機関投資家の側にあるとは思えないからだ。

小さな上場企業はともかくとして、エンゲージメントだと称して企業に面会を求めても、経営トップが応対するところなど、めったにないのではないか。投資先企業の事業活動の内容を深く理解して、的確な指摘をしない限り、企業にいろいろと注文を付けても、聞き置かれるだけだろう。

株式を「買う」「売る」、株主総会で「議案に賛成する」「議案に反対する」。企業に対してはこの4つの行動を通じて影響力を行使することが基本ではないだろうか。それ以上に何かをしようとすると、人件費など余分なコストがかかり、受益者に提供するリターンが低下するだけなのではないか。

5 CO2削減に投資家ができること

ESGの名を冠して大ヒット

2021年は大手投信運用会社が販売して大ヒットしたESG投信に、金融庁が「どういう観点でESGといえるのか、説明をしてほしい」と注文を付ける一幕があった。アセットマネジメントOneの商品で、2020年7月の新規設定時に4000億円近い資金を集めた「グローバルESGハイクオリティ成長株式ファンド（為替ヘッジなし）」のことだ。組み入れ銘柄のベスト10のうち8銘柄がESGの名を冠していないほぼ同名の投信と重なっていたという。

アセマネＯｎｅの担当者は金融庁にそう指摘されて困ったのではないか。ＥＳＧが付かない「グローバル・ハイクオリティ成長株式ファンド（為替ヘッジなし）」は２０１６年９月30日から運用していて、銘柄選定の観点の１つにＥＳＧ評価を取り入れている。改めて投信名にＥＳＧを付け加えたからといって、そもそも非財務情報であるＥＳＧ評価のウエートを大幅に高めたら、運用成績がおかしくなってしまうかもしれないからだ。

２０２１年９月末までの過去１年間のリターンは投信名にＥＳＧが入っているほうが17・91％、入っていないほうが19・31％だった。同じ運用会社の恐らく同じファンドマネジャーが似たような観点から銘柄を選んでいるのだから、ほとんど差がないのは自然なことだろう。むしろここで問題にすることがあるとすれば、ＭＳＣＩ全世界株指数（ＡＣＷＩ）の円ベース指数の上昇率の33・83％を大幅に下回ったことだ（図表５－３）。

いわばテーマ型投信

昔から同じようなことが繰り返されているのだが、テーマ型投信は高値づかみになりやす

図表5-3 ESGの名前を冠しただけ？

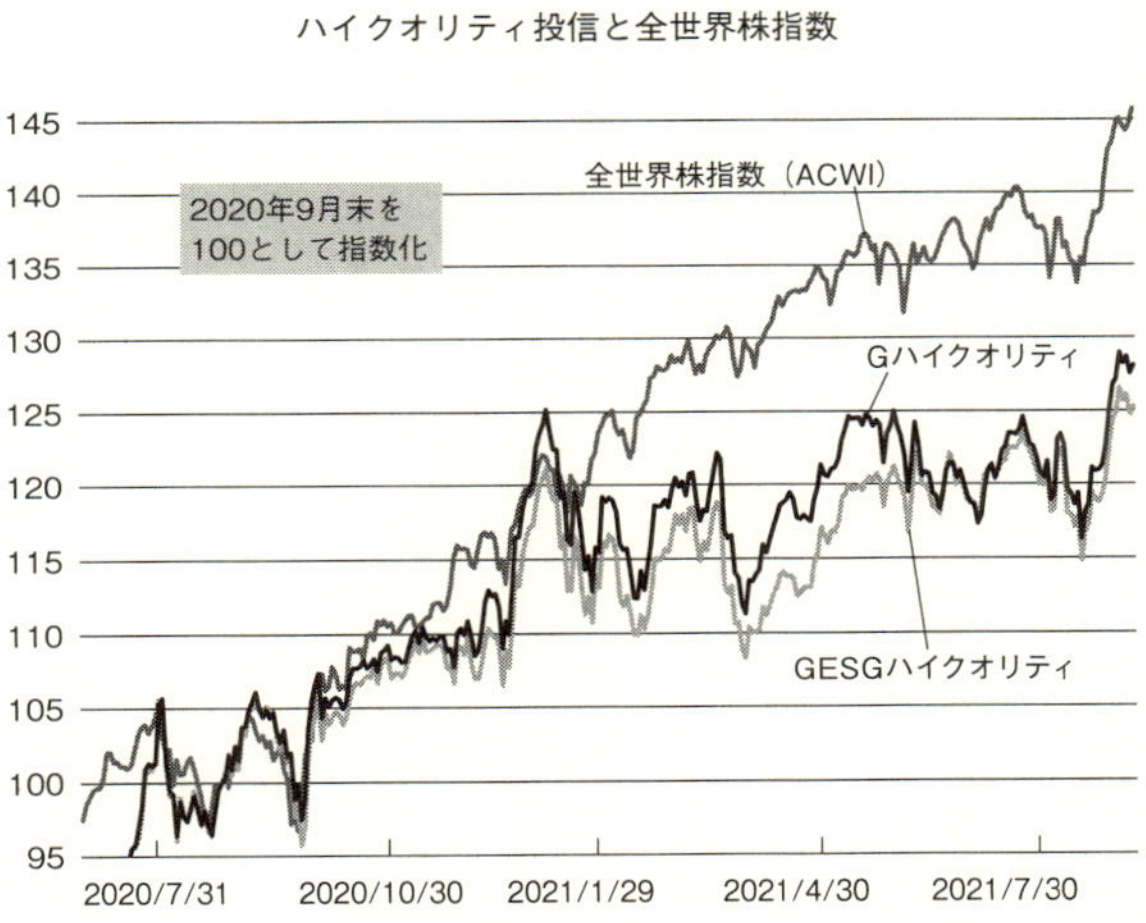

（注）アセットマネジメントOneの「グローバルESGハイクオリティ成長株式ファンド」と「グローバル・ハイクオリティ成長株式ファンド」の基準価格推移を円ベースのMSCI全世界株指数（ACWI）と比較。2021年10月26日まで
（出所）モーニングスターとMSCIのデータをもとに筆者作成

いのだ。多くの人が話題にする旬のテーマだから、銀行や証券会社など販売会社の営業担当者にとっては、顧客の受けがよく、売りやすい。しかし、なぜそのテーマが脚光を浴びているかというと、関連銘柄の株価がすでに大きく上昇していて、その値上がりぶりが投資家の間で話題になっているからだ。

「ESGは息の長いテーマだから、まだ株価は山登りで言えば三合目。これから頂上に向けてまだまだ上がります」などとセールスをすれば、そんなものだろうと思ってしまう人が多いのかもしれない。しかし、どんなことでも株式相場は先読みする。すでに将来の姿を見込んで株価はかなり上昇してしまっている可能性もあり、投信が組み入れた後にどこまで上昇余地があるかは神のみぞ知る話である。

もうひとつ、ＥＳＧ投資とは何かについては本章の第３節で示したように、非常に幅の広い概念を含んでいる。例えば温暖化ガスの排出を減らす技術を専門的に開発している企業は、その技術さえ確かならば、ＥＳＧの潮流に乗って事業が急成長するかもしれないが、ＥＳＧを意識した経営をしているという程度ならば、特段、他社と差別化はできないだろうから、業績の伸びは知れている。

企業の将来性を分析して投資する通常の投資とは別に、ＥＳＧ投資などという特別なものがあるとは考えにくい。確かに、さまざまなＥＳＧ指数に採用されている銘柄はある。いつも同じメンツだと感じることもあるが、環境保全、女性の活躍、企業統治の強化などさまざまな社会的要請に積極的に対応することを重視しているようだ。別に悪いことではない。

ＥＳＧ投資がブームになっている間は、こうした企業の株式には継続的な買いが入り、株価は高めに評価される場面が多いだろう。社会的要請に前向きな企業は、人材の獲得にも有利な面があり、優秀な人材に活躍の場を与えることで、平均以上の業績の伸びが期待できるとのシナリオを立てることもできる。株主も優れた企業を応援している気分に浸れるかもしれない。

個人はもっと自由な視点で

ただ、株式投資を通じて個人が自分のお金を社会に役立てたいと考えるのならば、その方法はもっといろいろあっていい。超富裕層ならば、本当に大株主になって、直接、企業経営に影響を及ぼすことも可能だろうが、資金力が限られる一般の個人投資家の場合は、アプローチに工夫が必要だ。ダメな企業の株式を買って、毎年、株主総会に出て行き、株主としての希望を交えた質問をするというのも、行動力があれば有効かもしれない。

小さな上場企業はＥＳＧ経営に取り組んでいても、機関投資家の投資対象になりにくいから、ＥＳＧ指数などに採用されないケースが多い。もし、個人がＥＳＧ投資に取り組みたいというのならば、こうした企業を「発掘」することに価値がありそうだが、アナリストもついていないケースが多いから、情報入手に苦労するだろう。

株式投資に直接関係はないが、個人の意見を企業経営に反映させたいのならば、最も簡単にできることは、企業のホームページの問い合わせコーナーなどを利用して、経営者が無視できないと思われるような「的確な意見」を伝えることだ。大企業の経営者は顧客との接点で何が起きているかを知っているようであまり知らないから、他の顧客も感じるだろうと思われる不合理な点などを指摘すると、喜ばれることが多い。

株主ならば、より的確な意見を言えるだろう。自分がその企業の経営者だったならば、こういう意見は無視できないだろうなということを申し入れる。単なる個人的な苦情はあまり意味がない。筆者の経験では「返信は不要です」と断っても、きちんとした会社ならば、きちんとお礼の返信が来る。対応がおかしいと感じることが何度かあったら、そんな企業の株式は売ってしまってもいいかもしれない。

第 6 章

選別投資に意味はあるのか

投資と宝くじの違いはどこに

1 「アクティブ運用は勝てない」の意味

過半の投信が負けている

「投資のプロも株価指数には勝てない」。こんなことを聞いたことがある人は多いかもしれない。もちろん勝ちも負けもあるが、プロ全員の運用成績を平均すると勝てない、あるいは1年や2年は勝てても何十年もやるとかなわないという意味である。米国の指数算出会社のS&Pダウ・ジョーンズ・インディシーズが世界のアクティブ運用とインデックスとの比較を集計しているので、それを見てみよう。

10カ国について、株価指数に勝てた投信の割合を計算していて、その結果は図表6－1に要約した。例えば、米国では1年間が41・80%、3年間が32・36%、5年間が27・33%であるという。これは2021年6月末までの1年間の運用成績をみると、全体の4割強の投信が株価指数に勝ち、6割弱が負けたということを意味している。

日本の投信も2020年12月末までの1年間で株価指数に勝ったのは46%、3年間では32・16%、5年間では30・47%だったという。1年間と5年間については米国よりもややいいという程度で、過半の投信が負けていることには変わりない。過半の投信が株価指数に勝っているのは、オーストラリアの1年間だけだ。

この表からは2つのことがいえる。ひとつは全体としてアクティブ運用が負けるのは、理論的にも無理がない話だということだ。なぜならば、個人投資家も含め、すべてのアクティブ運用の投資家の運用成績を集大成したものが株価指数だからだ。それだけならば、アクティブ運用の半分は勝って、半分は負けるだろうという理屈になるが、投信の購入者が受け取るリターンは運用報酬などを差し引いた後になる。だから、最終投資家の立場で見ると、アクティブ運用の平均リターンがインデックスに負けるのは無理もない。

もちろんインデックス運用でも多少の運用報酬がかかるから、インデックス投信のリターンは報酬分だけ株価指数に負けるのだが、報酬率は一般にアクティブ運用に比べてかなり低いうえ、組み入れ株式をヘッジファンドなどに空売り用に貸して貸株料収入を確保するケースも多いため、「長期に資産形成をするのならば、コストが安いインデックス運用のほうが

図表6-1　株価指数に勝てたアクティブ運用の投信の割合

	時点	1年	3年	5年	10年	15年
米国	2021年6月	41.80	32.36	27.33	17.49	
カナダ	2021年6月	40.43	5.56	4.29	16.90	
メキシコ	2020年12月	30.61	34.00	20.00		
ブラジル	2020年12月	26.86	32.28	13.73		
チリ	2020年12月	41.03	20.00	4.76		
欧州	2021年6月	49.30	27.66	26.76	15.23	
中東・北アフリカ	2021年6月	30.00	6.45	5.71	7.32	
南アフリカ	2021年6月	44.44	49.27	45.88		
インド	2021年6月	13.79	13.33	17.28		
日本	2020年12月	46.00	32.16	30.47		
オーストラリア	2021年6月	55.70	24.10	24.30	19.20	14.20

（注）単位％
（出所）S&Pダウ・ジョーンズ・インディシーズ

合理的だ」という主張が説得力を持つことになる。

もうひとつは、わずかとはいえ、過半の投信が株価指数に勝った国もある。アクティブ運用を全体としてみれば株価指数に負けるとはいえ、アクティブ運用者のなかにはプロもアマチュアもいる。投信について勝ったということは、やはりプロはアマチュアに比べて、腕が立つことの証拠ではないかという点だ。

アウトパフォームした実績

実際、あるオンライン証券のストラテジストは大手運用会社で長年、投信を運用してきた経歴を誇っている。公表しているプロフィルでも「東証株価指数（TOPIX）を大幅に上回る運用実績をあげてきた」とPRしている。確かに、同氏が運用してきた投信の税引き前分配金再投資ベースのリターンは14年5カ月間でプラス40・1％と、この間の配当込みTOPIXの上昇率の8・6％を大幅に上回っていた。配当込み日経平均（トータルリターン・インデックス）の上昇率の10・4％も大幅に上回っていた（図表6－2）。

それはすごいことではあるが、米国の著名投資家ウォーレン・バフェット氏が神様だと言われているのも、毎年のように運用成績が株価指数を上回っているからではない。若いころの何年間かに株価指数を大幅に上回る実績を残し、そこで元本をドーンと膨らませたから、他の年は低調でも長期で見ると優れた実績があるように見える。この結果、折々の発言が投資の神髄のように受け止められることになった。

企業のセールスパーソンは若いころに幸運に恵まれて好成績を収めても、続かなければ、

図表6-2　株価指数を上回る成績を残した投信の一例

「黒潮」と株価指数

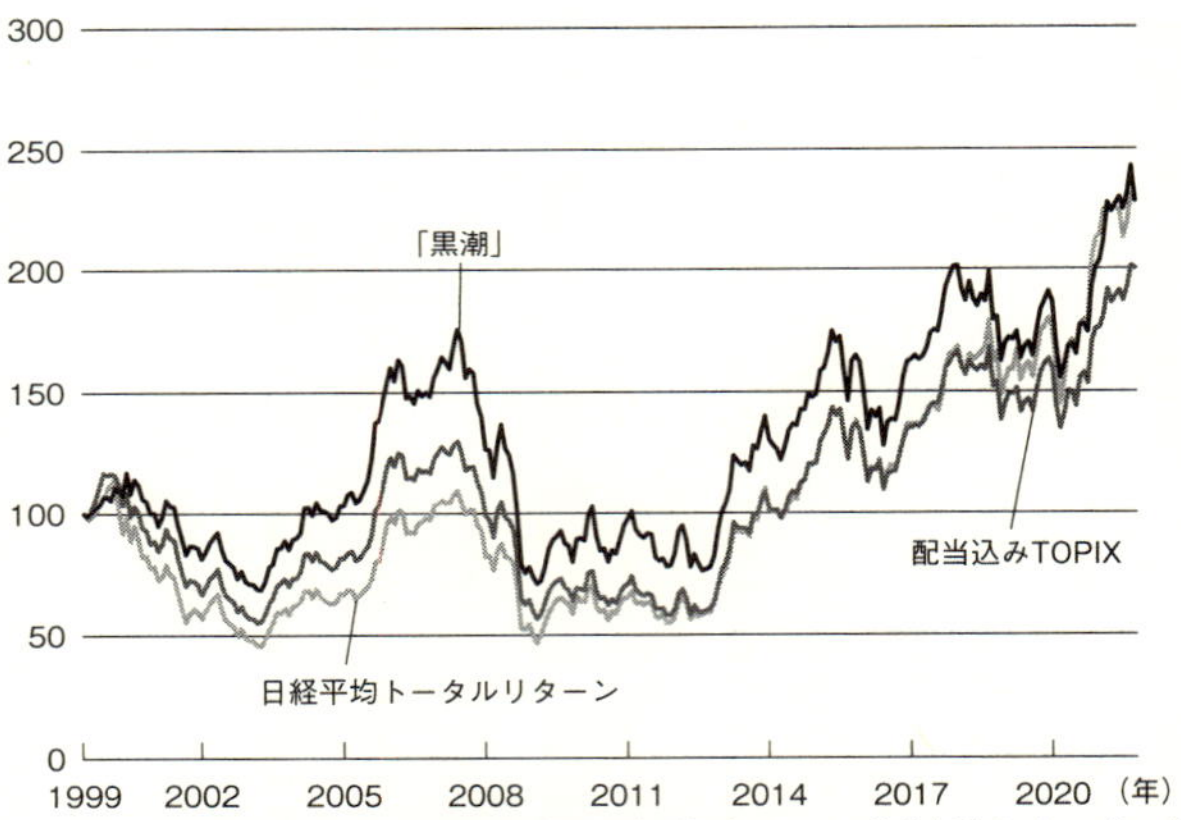

（注）1999年7月30日を100として、税引き前分配金再投資ベースの基準価格をグラフ化。株価指数も同日を100とした。直近は2021年10月26日
（出所）モーニングスターとQUICKのデータをもとに筆者作成

「平凡だったね」ということで埋もれがちだが、投資家はラッキーだったことも含めて「累積」で評価される。

くだんのストラテジストも投信を運用していた15年間（最初の1年は5カ月分）の運用実績を振り返ると、リターンが配当込みTOPIXを上回ったのは8年間で、このうち3年間はIT（情報技術）株バブルの崩壊期だった（図表6－3）。全体の株価指数が大きく下落するなかで、バリュー（割安）株が相対的に浮上して混

乱に巻き込まれなかった。

まったく仮の話だが、もしこの投信の2000年の運用成績が実際に記録したマイナス5・95％ではなく、配当込みTOPIX並みのマイナス24・96％だったとすれば、この投信の2021年までの累計リターンはTOPIXを下回り、誰も気に留めない平凡な商品になっていただろう。この1年間に大幅な損失を回避できた巧みさが、同氏の名声に結び付いているともいえる。

同氏が転職した後、この投信のリターンは株価指数の上昇率を下回っていて、毎年の騰落も株価指数に対して1勝7敗だから、同氏が残した8勝7敗の実績はすばらしいといえるが、この実例だけでは同氏は確率的にたまたま運がよかっただけの可能性もある。「優れたアクティブ運用者は株価指数に勝てることを実証した」とまで言っていいのかどうかはわからない。

まだ十分な分析データがそろわず

筆者は投資対象の銘柄を当てずっぽうに選択しようが、将来性などを吟味しながら選択し

図表6-3　投信「黒潮」の運用成績を年ごとにみると

	「黒潮」	配当込み TOPIX	日経平均 トータルリターン	「黒潮」が 勝ったか
1999	6.59	16.79	6.31	
2000	▲ 5.95	▲ 24.96	▲ 26.74	○
2001	▲ 14.27	▲ 18.91	▲ 22.95	○
2002	▲ 15.80	▲ 17.50	▲ 17.94	○
2003	23.49	25.19	25.70	
2004	15.38	11.34	8.63	○
2005	48.59	45.23	41.78	○
2006	1.96	3.02	8.09	
2007	▲ 10.40	▲ 11.11	▲ 10.02	○
2008	▲ 44.24	▲ 40.62	▲ 41.07	
2009	14.46	7.62	21.13	○
2010	6.07	0.96	▲ 1.32	○
2011	▲ 17.11	▲ 17.00	▲ 15.59	
2012	18.48	20.86	25.65	
2013	50.51	54.41	59.35	
2014	5.49	10.27	8.95	
2015	9.80	12.06	11.00	
2016	▲ 0.02	0.31	2.38	
2017	23.93	22.23	21.33	○
2018	▲ 19.18	▲ 15.97	▲ 10.29	
2019	17.45	18.12	20.72	
2020	5.17	7.39	18.26	
2021	13.77	14.02	7.64	

（注）2021年は10月26日まで。勝敗は配当込みTOPIXとの比較
（出所）モーニングスターとQUICKのデータをもとに筆者作成

ようが、リターンには変わりがない（正確にはリターンの分布には変わりがない）と考えている。プロがアマチュアよりも優れた投資ができるとは限らないとも思っている。もちろん市場にインサイダー情報などがあふれていれば話は別だ。手数料などの取引コストに大差がないことも前提だ。

しかし、いろいろなデータを集めて詳細に分析していくと、筆者が置いた前提は間違っているかもしれないと感じる点もあった。特に新型コロナウイルスによる感染症が広がり、株式相場が平時とは異なっていた1年間に、アクティブ運用投信の勝率が割と高かったことが、示唆的である。

先進国の市場は株価形成も効率的だから、他人を出し抜くのは難しい。平時にはなかなか勝てなくても、非常時に勝てるとすれば、それだけでもプロの価値はあるのかもしれない。厳しい局面を乗り切れるかどうかが、結局は超長期の運用成績を左右する可能性があるからだ。この点は十分に分析するだけのデータがそろっていない。日を改めて検討したい。

2　理論で考えるアクティブの勝率

確率分布から考えてみる

アクティブ運用投信の成績の平均値がベンチマークである指数に負けるのは、運用報酬が差し引かれるからだというのはその通りだが、この種の議論をするときには「指数に勝てないアクティブ運用の本数の割合」という具合に、本数ベースの比較になっていることが多い。ところで、株式投信のようなリスク商品のリターンの分布は、理論的には下ぶくれになる傾向がある。

これはどういう意味かというと、ものすごく運用成績のいいごく少数の投信に引っ張られて、全体の平均値は指数並み（正確には指数の騰落率から運用報酬率を引いた水準）になるのだが、上からも下からも本数でみて50％目に当たる投信の運用成績（中央値）は平均を下回り、もっとも本数が集中しやすい運用成績の水準（最頻値）は中央値をも下回るということを示している。

純資産総額の一定比率の運用報酬がかかるということは、例えばそれが純資産の1・5％だと仮定すると、指数の上昇率を1・5％上回る成績を出さないと、指数並みのリターンを得られないことを示している。指数が3％上昇したときには4・5％、指数が30％上昇したときには31・5％のリターンをたたき出さないと指数に勝てない。

リスクの水準が同じ場合、指数が3％上昇したときに4・5％を稼ぐことと、30％上昇したときに31・5％を稼ぐことのどちらが難しいかも、興味深いテーマだろう。どこまでもコストには1・5％の差があるわけだから、アクティブ運用の勝率が50％を超えることはないが、指数の上昇率の高低が勝率に影響するのかどうかは、シミュレーションをして確認してみたい。

よく市場関係者の間からは「今年は株式相場があまり上昇しそうにないから、アクティブ運用が有利だ」と言われることがある。株価指数が大きく上昇しそうならば、アクティブ運用に賭ける必要はないが、株価指数が小幅上昇にとどまったり、下落しそうだったりした場合には、アクティブ運用でチャンスをつかんだほうがいいといった実践的なことを語っているのか、統計的に実証されていることを語っているのかは定かではないが、この点もシミュレーションで確認してみたい。

リスクが小さすぎてもダメ

リスク商品のリターンの分布が下ぶくれになりやすいということは、本数ベースでは50％超のファンドが指数並みのリターンを出せないことを意味している。下ぶくれになる度合いは、リスク（変動率の標準偏差）が大きいときのほうが大きくなる。つまり、本数ベースでみて勝てないファンドの割合が大きくなる。

ただ、「それならばリスクが小さいほうがアクティブ運用は優位なのではないか」という結論が導き出されそうだが、そこはちょっと異なるので注意が必要だ。例えば想定リスクはゼロだが、期待リターンが10％という場合を想定してみよう。指数は10％上昇するはずだが、アクティブ運用投信のリターンは運用報酬の1・5％分を差し引かれて8・5％になってしまう。

これは期待リターンが30％でも50％でも同じことで、リスクがゼロならば、アクティブ運

図表6-4　アクティブ運用投信が勝ちやすいのは

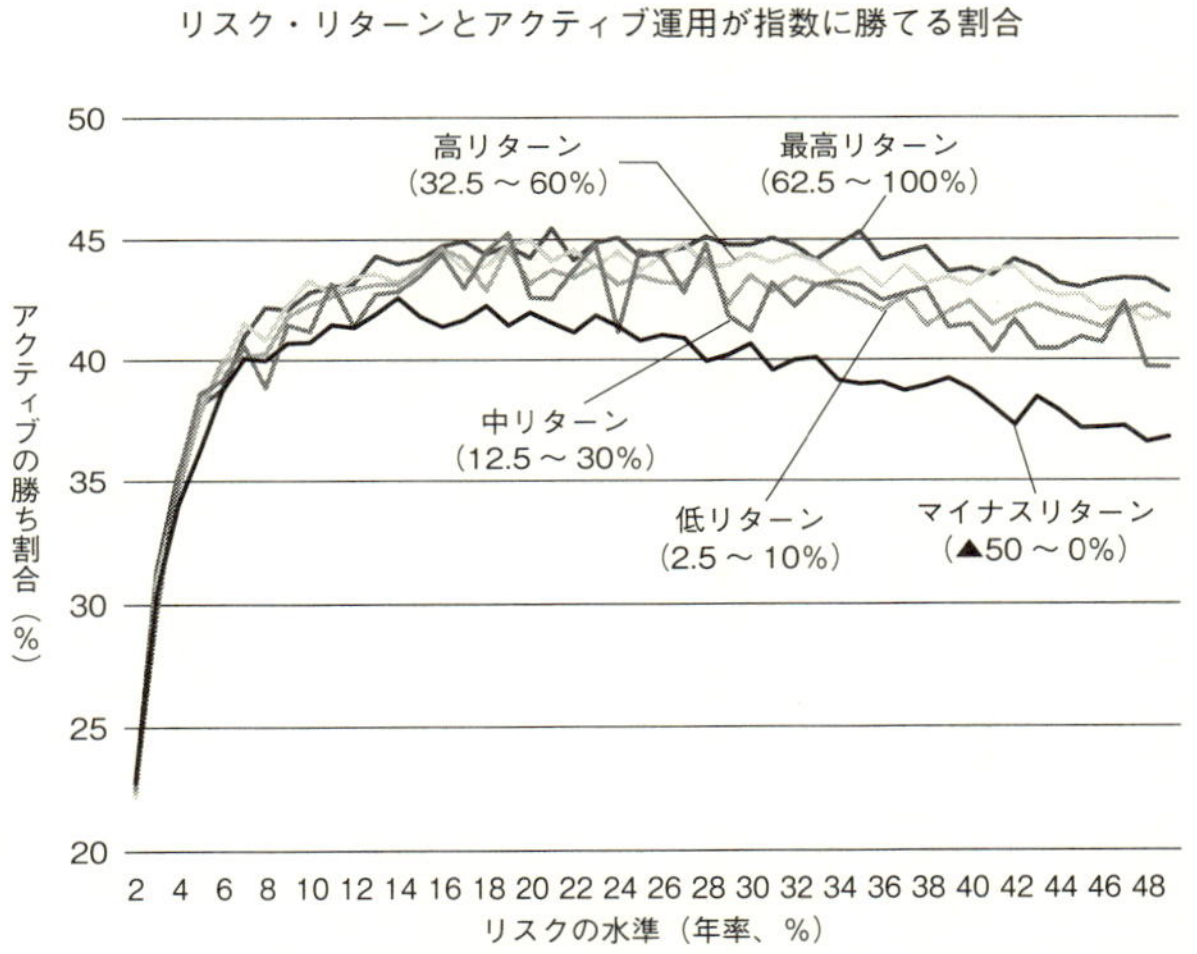

（注）アクティブ運用投信の信託報酬を純資産総額の1.5%と仮定した。投信の運用成績が対数正規分布になること前提にシミュレーションを実施し、結果をグラフ化
（出所）筆者作成

用は超過リターンを出すチャンスがない。100%負けるのだ。リスクが1%でもあれば、アクティブ運用に少しはチャンスがあるが、でも運用報酬分を稼げる投信はごく少ないだろう。つまり、ある程度リスクがなければ、アクティブ運用の担当者は腕の振るいようがないのである。

　これらの関係を踏まえてシミュレーションを実施し、結果をグラフに表すと、図表6－4のようになる。期待リターンや想定リスクを小刻みに動かして1000回のシミュレーションをした結果をプロットしているため、グラフはギザギザだが、だいたいの傾向はわかるだろう。横軸は右に行くほど想定リスクが高くなっている。5本の折れ線はリターンの水準の違いを示したもので、マイナス域から最高域（年62・5～100％の上昇）まで5段階に分けている。

勝ちやすい局面の可能性も

グラフから読み取れることは「期待リターンが高ければ高いほど、アクティブ運用の勝率は大きくなる」「想定リスクが小さすぎるとアクティブ運用は勝つチャンスが乏しいので、一定の想定リスクが必要だが、想定リスクの増大はアクティブ運用の勝率を低下させる」といった法則だ。市場関係者の「今年は株式相場があまり上昇しそうにないから、アクティブ運用が有利だ」という話は、確率的には正しくない。ただ、指数上昇時にはあえてアクティブ運用を選ぶ必要はないだろうという意味ならば、実践的にはよくわかる。

このようなグラフは初めて見る人が多いのではないだろうか。実際、2021年に入って実際の投信の運用成績を分析すると、アクティブ運用の健闘を示す結果が出ることが増えている。もちろん勝率が50％を超えるのは理屈に合わない話ではあるが、２０２０年春の急落の後の急速な戻り相場を念頭に置くと、アクティブ運用が確率的に勝ちやすい局面を迎えているのは間違いない。

3　投資と博打に差はあるか

当てずっぽうで銘柄を選んでも同じ

株式投資のルールには難しい面もあるから、宝くじを買うようなわけにはいかないだろうが、結果が偶発的かどうかはまた別の話である。ただ、最近、積み立て型の少額投資非課税制度「つみたてＮＩＳＡ」を利用して投信を買い始めた若年層の多くは、インデックス投信を選んでいるようだ。コストの安さに加え、アクティブ運用は全体としてインデックス運用に勝てないと言われていることも、インデックス投信になびく理由のようだ。

その投資家がはっきり意識しているかどうかは別として、インデックス投信をいいと思うことは理屈上、「投資の成果は偶発的だ」ということを受け入れていることになる。もし同時に「当てずっぽうに投資するよりも銘柄を吟味して投資したほうがリターンは高くなる」と主張していたとすれば、矛盾した発言をしていることになる。

その理屈は次の通りだ。まず、インデックス運用は新聞の相場表を壁に貼って、猿にダーツを投げさせて銘柄を選ぶ運用と変わらない。ただ、本当の新聞の相場表だと、時価総額が30兆円を超えるトヨタ自動車も、100億円に満たない小粒企業も株価欄は同じスペースで印刷されているので、ダーツは同じ確率で当たってしまう。

例えばＴＯＰＩＸへの連動を目指すインデックス運用は、東証1部上場の各銘柄の浮動株ベースの時価総額の大小に比例するように、個々の銘柄の購入株数を決めている。だから、壁に貼る相場表は銘柄ごとのスペースを浮動株ベースの時価総額に比例するように印刷したものでなければばならない。

この特製の相場表をめがけて猿がダーツを投げ、先端が刺さった銘柄をポートフォリオに組み入れて運用したとする。無数のダーツを投げ、無数の運用ポートフォリオを組めば、全体として運用成績はＴＯＰＩＸに限りなく近づくはずである。

アクティブ運用がインデックス運用に勝てないということは、猿がダーツを投げて銘柄を決める運用に勝てないということを意味している。

だから、投資は博打と同じだなどと話を直結させると、多くのプロの運用者に叱られるかもしれないが、片や資産形成の手段と言われ、片や身上《しんしょう》を潰すといわれるのは、どちらも偶発性が高いのだが、投資と博打とには、これとは別の相違があるからではないだろうか。

ゼロサムかどうかが一つのポイント

いかさまがないとすれば、宝くじやサイコロ賭博で当たったり勝ったりするかどうかは運だけの世界だから、「勝つ方法を教えます」といったビジネスは成り立つ余地がほとんどない。能力に関係なく、自分も運がよければ勝って大金が得られるのではないかと考える人が多いから、身上をつぶしてでものめり込む人が出てくるのだろう。

本当は株式投資も偶発的なのだが、やはり結果が出るまでの過程が複雑だから、「勉強すればするほどより好成績を得る可能性が高まる」「プロはアマチュアとは違う」「銘柄を吟味して選べば、高いリターンにつながることがある」といった説明が信じられてしまう。この結果、そこには投信運用会社、投資顧問会社、証券アナリスト、ラップ口座、ロボアドバイザー、独立フィナンシャル・アドバイザーなどのさまざまなビジネスが生まれることになる。

それを虚業というのは簡単だが、いい悪いは別として、世の中の仕事の多くはそんなふうに生まれるのではないか。本当は未来などわかりっこないのに、人々は未来を知りたいと切実に思うことがある。寺社のおみくじ、占い師、競馬の予想屋、エコノミストなども「未来予想業」に分類できるのではないか。

投資と博打とのもう一つの違いは、ゼロサムゲームかどうかだろう。博打の場合は、最初に投下されたお金から運営費などのてら銭を引いた分を当選者や勝者に配分するだけだから、主催者の取り分を別とすれば、全体としてマイナスサムでもある。掛け金総額よりも分配金総額のほうが多いなどということは基本的にない。宝くじの販売総額のうち、当選者に還元されるのは約47％だ。

仮想通貨の売買は投資か投機か

この点、投資は仮にゲームだとしても、そこに投下されるお金はゲームの途中で外部から追加されることもあれば、外部に流出していってしまうこともある。外部からお金が追加される、つまり、ある人が持っている株式を新規資金で買ってくれる人がいれば、もとの保有者は買値よりも高く売れるかもしれない。株式の発行会社が継続的に配当を支払ってくれるというプラスもある。

もう一つ違いがある。博打は一定時間が経過すれば必ず勝敗が決まり、敗者の損失額と勝者の取り分とが確定する。この点、投資には終わりがない。株式の信用取引や株価指数の先物取引は、反対売買をせずにポジションを持ち続けていても、期日には清算しなければならないから、どちらかといえば博打の部類に属するだろう。

ただ、ゼロサムやマイナスサムで、しかも終わりがあれば博打、プラスサムの期待があり、終わりがなければ投資だと分類してしまうと、「じゃあ暗号資産（仮想通貨）のビットコインを値上がり目的で買うことは何なのか」という話になっていく。ビットコインの価値を裏付けるものは何もないと言われ続けているのに、驚くほど値上がりし、法定通貨として採用する国も出てきてしまった。

筆者は価値がないものを買うのは博打だと考えているが、ビットコインは金（ゴールド）

と同じ無国籍通貨だと信じている人がいるかもしれない。サイコロ賭博と異なり、少なくとも短期的にはプラスサムの世界のようにもみえる。どこまでが投資でどこからが博打か、明確な区分けができるのかどうか、よくわからない。どちらも結果が偶発的で、事前に読めないことには変わりがないから、のめり込まないように注意することは同じだ。

4　当てずっぽうの投資と結果は同じ

378本の日本株投信の成績分布

本節ではこれまで述べてきたことを、データをもとに示していきたいと思う。ちょっと難解かもしれないが、この節は本書で最も価値が高い部分だと信じている。投資家はうぬぼれ屋が多いので、「私はもっと賢く立ち回るから、シミュレーションは当たらない」という人もいるだろう。しかし、それは失敗したことを忘れているのではないか。とにかくあらゆる投資家を平均すると、シミュレーションのようになっているはずである。

図表6－5は過去5年以上の運用実績がある日本株アクティブ運用投信のうち、通貨選択型と小型株型を除いた383本の2021年9月末までの5年間のリターンの分布を示している。リターンは税引き前分配金を再投資したと仮定して計算し、年率換算している。

併せて過去5年間の株価データがある東証1部上場2042銘柄から、浮動株ベースの時価総額が250億円未満の銘柄を除いた898銘柄について、乱数を発生させて適当に50銘柄を選び出し、すべて同じ金額ずつ投資して2021年9月末まで運用してきた場合のリターン（税引き前配当を再投資したと仮定）の分布もグラフ化した。実際の運用と比較できるように、シミュレーションは383回実施した。

この2つの系列のグラフを比較してみると、どちらもリターンが低いほうと高いほうの両端の本数は少なく、真ん中近辺の本数が多い山なりの分布になっている。ただ、どちらの山のほうが右側、つまり、運用成績がいい側に描かれているかというと、50銘柄の無差別抽出のシミュレーションよりも実際のアクティブ運用投信のほうが、右側に寄っているようにみえる。

数値で言えば、5年リターンの年率値の平均値は実際のアクティブ運用が11・79％、無差別抽出のシミュレーションが10・92%だった。この結果を見ると、「だから銘柄を吟味して投資したほうが、当てずっぽうに銘柄を選ぶよりもいいことは明らかだ」という声が出てきてもおかしくない。

一見、プロが勝ったようだが……

しかし、機関投資家の運用対象になるかどうかを考慮して、浮動株ベースの時価総額が250億円未満の銘柄を母集団から除いたものの、実際の運用では時価総額が250億円ぎりぎりの銘柄と10兆円を超えるような銘柄とが、均等な確率で選ばれるとは考えにくい。時価総額が唯一のパラメーターかどうかは別として、やはり大企業のほうが小ぶりの上場企業よりも投資先として選ばれやすいはずである。

また、投信は例えば50銘柄を組み入れるにしても、すべての銘柄を純資産総額の2%ずつ均等に買うわけではない。銘柄ごとの組み入れ比率には大きな落差があり、ファンドの性格を決定づけるような筆頭銘柄は10%ぐらい買っても、末端の銘柄は1%に満たないことが普通だ。

図表6-5　アクティブ運用投信のリターンの分布とシミュレーションの結果その1

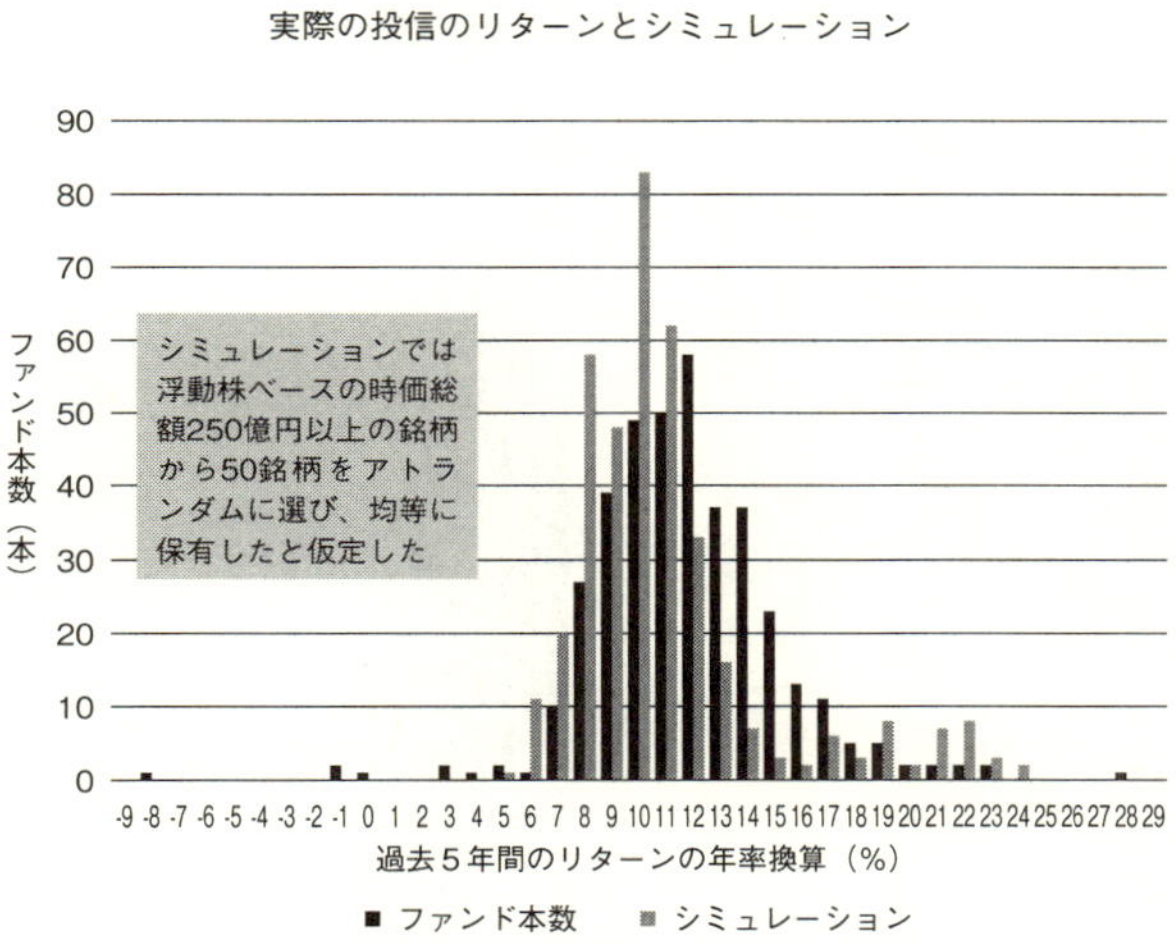

（注）対象は通貨選択型と小型株型を除く日本株アクティブ運用投信383本。シミュレーションは投信本数と同じ383回実施した。2021年9月末までの5年間の税引き前分配金込みリターンの比較
（出所）投信のリターン分布はQUICK

乱数を発生させて当てずっぽうに銘柄を選ぶにしても、選ばれやすさの度合いをどの程度にしていいのか、筆者には定見がないが、完全に時価総額に比例させると、時価総額10兆円の銘柄は２５０億円の銘柄の４００倍、選ばれやすくなる。実際に、試算をしてみたところ、３８３回のシミュレーションのほぼすべてにトヨタ自動車や三菱ＵＦＪフィナンシャル・グループが入ってしまう。

図表6-6　アクティブ運用投信のリターンの分布とシミュレーションの結果その2

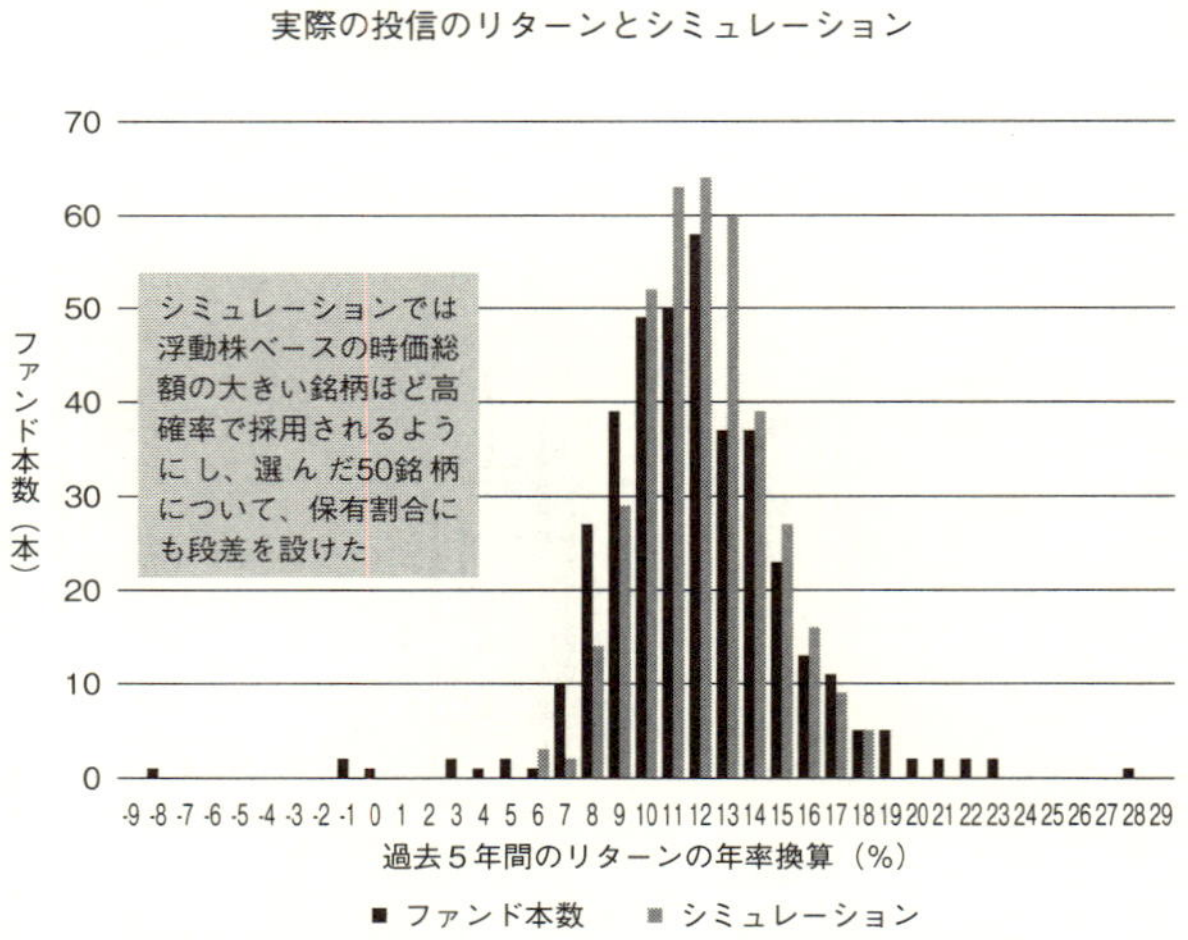

（注）対象は通貨選択型と小型株型を除く日本株アクティブ運用投信383本。シミュレーションは投信本数と同じ383回実施した。2021年9月末までの5年間の税引き前分配金込みリターンの比較
（出所）投信のリターン分布はQUICK

そこで時価総額を億円単位にまとめたうえで、常用対数を取り、時価総額が１０００億円の銘柄は１０００億円の銘柄の１・５倍、１兆円の銘柄は同２倍、10兆円の銘柄は同２・５倍選ばれやすくなるようにしてみた。さらに乱数を発生させて選択した50銘柄の組み入れ比率を合計が１００％になるように、０・１％から８・９％まで50段階に配置してみた。

こうした前提のもとで、乱

数を発生させて銘柄を当てずっぽうに選ぶ作業を383回繰り返し、リターンの分布をグラフ化すると、図表6－6のようになる。図表6－5のグラフと異なり、当てずっぽうの投資の成績分布の山のほうが、右側、つまり、リターンの高いほうに寄っているように見えるだろう。

成績分布にほとんど差がない

このシミュレーションのリターンの平均値を計算すると、年率で12・06％だった。前段でも述べたように、実際のアクティブ運用の平均リターンが年率11・79％だったから、乱数を発生させて適当に銘柄を選んだほうが、優れた結果が出ることを示している。

これはプロが必死で投資対象を分析し、組み入れ銘柄を選んでも、当てずっぽうの投資に平均値で勝てるとは限らないことを意味している。というか、筆者が本書で何度か書いたように、投資対象の銘柄を吟味して選ぼうが当てずっぽうに選ぼうが、もともとリターンの分布には何ら差はないのである。だから株式投資は面白いともつまらないともいえるのだと思う。結局プロが勝つのならば面白くも何ともない。

5　それでも企業を選ぶ意義

個人が負ける理由はない

銘柄を吟味してもリターンは向上しない、分散投資も非常時には役立たないといった話をしてきたから、株式投資の勉強をしても仕方がないと感じた人もいるかもしれない。それでも株式投資をするのならば、企業をしっかり分析してから臨んだほうがいい。せっかくためたお金は、やはり自分が信じることに生かしたほうがいいと思うからだ。

個別株投資をすることは、いわばアクティブ運用をするということである。アクティブ運用はインデックス運用に勝てないというのは、投信の話だ。もちろん勝つ投信もあるし、負ける投信もあるが、平均値を出せば、運用報酬の差の分だけ、アクティブ運用はインデックス運用に負けるという理屈になる。

個人投資家は自分で銘柄を選んで投資する限り、若干の売買手数料はかかっても運用報酬を払うわけではないから、インデックス投信に負ける理由はない。リスク商品のリターン分布は下ぶくれになるから、無数の回数、投資すれば、勝ち負けの回数では負けのほうが多くなる。しかし、勝ちのなかに「ものすごく勝つ」ことがあるから、リターンの平均値はインデックス投信並みになるはずである。

筆者はあえて値上がりしそうな銘柄を当てようなどと考える必要はないと思っている。その企業に関して公表されたデータはすべて株価に織り込まれている可能性が大きいし、多くの投資家は将来をにらんで買っているわけだから、好業績が期待されている企業ならば、単に増益になるというぐらいでは株価は上がらない。期待以上の好業績が出そうだという観測が広がらないと、株価は一段高にはならないだろう。

機関投資家との情報格差

よほど熟練した投資家ならば、ある程度の感触がつかめるのかもしれないが、一般の個人投資家だと株価がどの程度のことまで織り込んでいるのかは簡単にはわからない。いくら公平情報開示規則（フェア・ディスクロージャー・ルール）が導入されていて、企業は業績などの重要情報を機関投資家だけに先に伝えることはないにしても、有力な機関投資家は企業経営者に直接面談し、当面の業績動向にどの程度の自信を持っているのかなど、さまざまな感触を得ている。

筆者は本当にこの慣習は不公平だと考えているが、金融庁は2014年2月に日本版スチュワードシップ・コード（責任ある機関投資家の諸原則）を制定し、機関投資家に投資先企業や将来、投資する可能性がある企業との対話を促している。素早く情報を得ることが本当に投資リターンに結びつくかどうかは別として、情報獲得のスピードやおそらく分析力においては、個人に優位性はないといっていい。

むしろ個人の強みは、ある銘柄を買う理由などを誰に説明する必要もなく、好き嫌いで銘柄を選べることだ。機関投資家は説明責任を負うから、いちいち公表はしないまでも、投資プロセスは社内で明文化しているだろう。年金基金などから運用を受託している機関投資家の場合、なぜその銘柄を有望と考えて組み入れたのかが委託者である年金基金に説明できるようになっていなければならない。「何となく」ではすまない話だ。

好き嫌いで銘柄を選べる強み

個人投資家は投資プロセスの記録など不要だ。投資先の経営が破綻すると株式の価値はゼロになるから、財務諸表に監査法人が「継続企業の前提に関する注記」を書いて注意喚起しているような銘柄は避けたほうが無難だと感じるが、基本的にお気に入りの銘柄を買えばいい。商品やサービスが気に入った。経営者のひととなりがすばらしい。こういう企業がもっと増えれば、世の中がよくなると思う。自分の親が勤めていた。理由は何でもいいだろう。株主優待に注目するのももちろんありだ。

吟味して銘柄を選ぼうがあてずっぽうで選ぼうが成果に変わりがないということは、どんなふうに投資先企業を選んでも、リターンの点で成功することもあれば、失敗することもあり、そんなことは誰にも予想できないということでもある。だから偶発性において博打と変わらないというのは本章の第3節で説明した通りだが、ゼロサムゲームではないから、別に誰かに勝つ必要はない。

なお株式を発行している企業にとっては、個人投資家に選ばれることは大きな意味がある。ファン株主が増えるのは単純にうれしいから、長期に保有すれば株主優待を上乗せするといった企業も多い。株主への通知も近々、オンラインだけで済むようになる見通しなので、株主管理のコストが一方的に増えるということもない。

企業にとってのプラス面をさらに言えば、日ごろから個人株主を大切にしていることが大前提だが、個人は敵対的買収の防波堤として働いてくれる可能性がある。投資先企業が大事にしていることを損ないそうな買い手が現れた場合に、機関投資家ならばもうかれば売ってしまう可能性があるが、個人は経営者の判断を尊重してくれるかもしれないからだ。

いずれにしても、気に入った銘柄を買い、ウォーレン・バフェット氏の気分になって、納得できるまで保有し続けていればいいのである。ただし、前著『株式市場の本当の話』で書いた通り、バフェット氏は必ずしも長期投資家というわけではない。個々の銘柄の平均保有期間は4年半であり、本当に長期に持っているのはコカ・コーラ、アメリカン・エキスプレス、ムーディーズの3銘柄だけだ。

第 7 章

家計の運用に
ジタバタは禁物

東京・日本橋兜町の再開発ビル「KABUTO ONE」は投資教育の拠点にもなる

1　超低金利が招く魔法への期待

エキゾチックなリスク

人間の真価は苦境時にこそ発揮されると言われることが多い。株式投資も似た面がある。平時には株価が上がったり下がったりで全体としてはまあまあでも、相場全体が急落したときに自分の株式ポートフォリオがどんなふうに動くかはなかなか予想ができないし、対処を誤ると、回復困難な損失を被ることがある。

だから、株式投資をするにしても、基本的な生活設計に影響を及ぼさないような余裕資金の範囲内にとどめておくのは鉄則なのだが、超低金利が続き、勤労所得もなかなか増えない時代になると、本当にお金がお金を生むような誘惑も増えてきて、どう対応していいか迷っている人も多いのではないだろうか。

とにかくうまい話はないということを肝に銘じるべきである。一定の社会的信用力がある大手銀行や大手証券会社が勧めるような商品でも、疑問に感じることがある。株式などを組み入れた投信はリスク商品だから、元本割れになることがあるのはやむをえないが、顧客にきちんと状況を説明し、的確な対応を促しているのかというと、いろいろと課題も多い。

ここに掲載するのは、筆者が2021年9月8日付の日経電子版のコラム「マーケット反射鏡」に掲載したある投信の話だ。発売時にはメガバンクが独占販売したために、各方面の注目を集めたが、運用がうまくいかずにひっそりと幕を閉じた。何が起きていたのかを記憶にとどめてほしい。

繰り上げ償還された投信

「損失限定型」と称し、4年前に三井住友銀行が発売した投資信託が、9月2日に繰り上げ償還された。株式相場が急落した2020年3月に大幅に基準価格が下落し、その後は回復の機会もほぼないまま、信託報酬（運用管理費用）や保証料が日々差し引かれて保証価格の9000円に到達した。元本割れ償還の可能性は早くから認識できたはずなのに、投資家には途中まで回復シナリオを唱えてきた。不本意と言わざるを得ない結末で、説明が十分だっ

図表7-1　誤算に終わったリスク抑制型投信

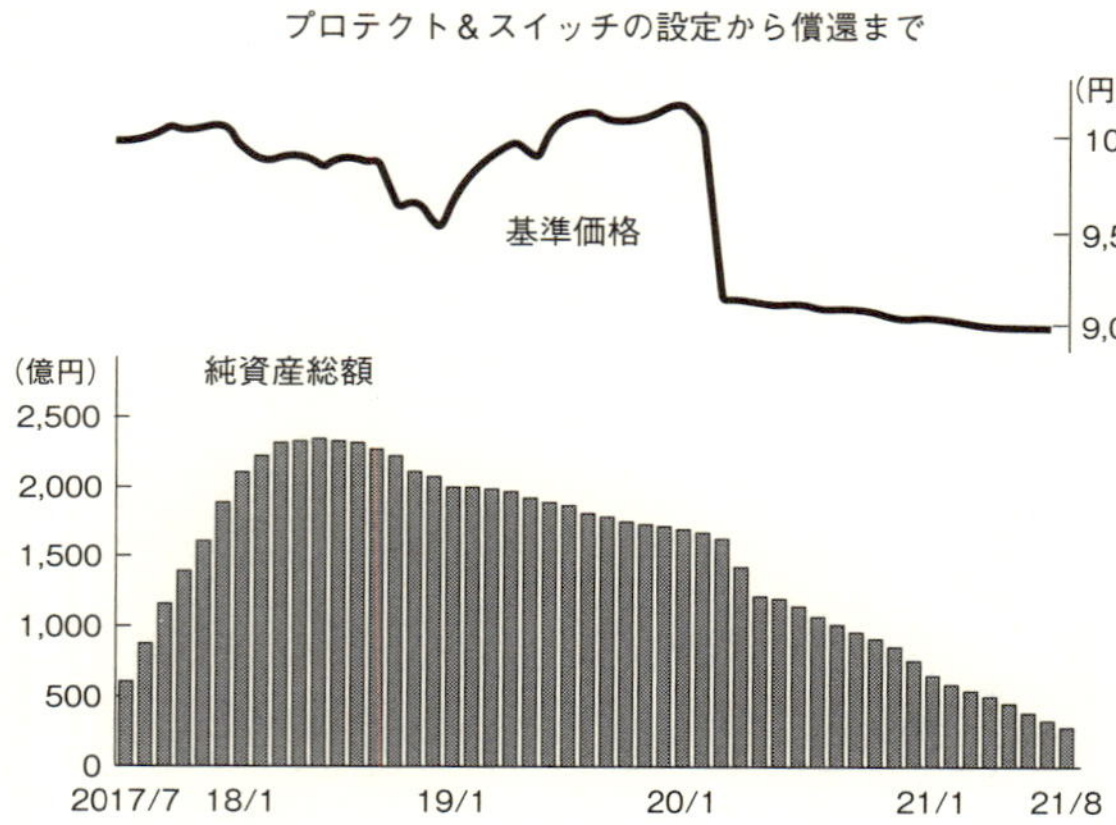

（出所）日本経済新聞電子版「マーケット反射鏡」

たかどうかも気になる。

ファンド名は「ＳＭＢＣ・アムンディプロテクト＆スイッチ」（愛称＝あんしんスイッチ）。運用会社はアムンディ・ジャパン。２０１７年７月28日の設定当初、販売は三井住友銀行だけだったが、２０１８年１月にＳＭＢＣ日興証券が、同年４月末に野村証券が加わった。「損失を一定限度内に収めるための保証付き」という触れ込みで幅広い顧客に販売した結果、２０１８年５月末には純資産総額が２３４５億円に達する大型商品になった（図表７－１）。

元本割れを嫌う銀行の一般顧客には投

信は売りにくい。一般顧客を引きつけたのは、目論見書に載せたイメージ図だ（図表7―2）。設定時に1万円で始まった基準価格が一度でも1万6000円に達すると、9000円だった保証価格（プロテクトライン）が1万円に引き上げられ、その後、運用状況が悪化しても、最初（設定前に申し込んだ場合）に払い込んだ1万円は保証されることを示している。

元本確保の条件を満たす前にコロナ急落が直撃

ところが、基準価格が1万600円に達する前、つまり「1万円の元本割れ回避」が決まる前に、新型コロナウイルスの感染症拡大に伴う世界の株式相場の急落に見舞われた。当時は「株式相場はもっと下がる」との観測もあった。基準価格が9000円まで下がれば、ルールに基づき、元本割れでの繰り上げ償還を迫られる恐れもあった。目論見書で説明していたこととはいえ、リスク商品に慣れない銀行顧客の期待を裏切るのは確実だと思われた。

そこでアムンディ・ジャパンでは2020年3月13日までに株式をすべて売却し、約60%を短期金融資産に、約40%を債券にした。この時点での基準価格は9435円だった。その

図表7-2　プロテクト&スイッチの目論見書での説明

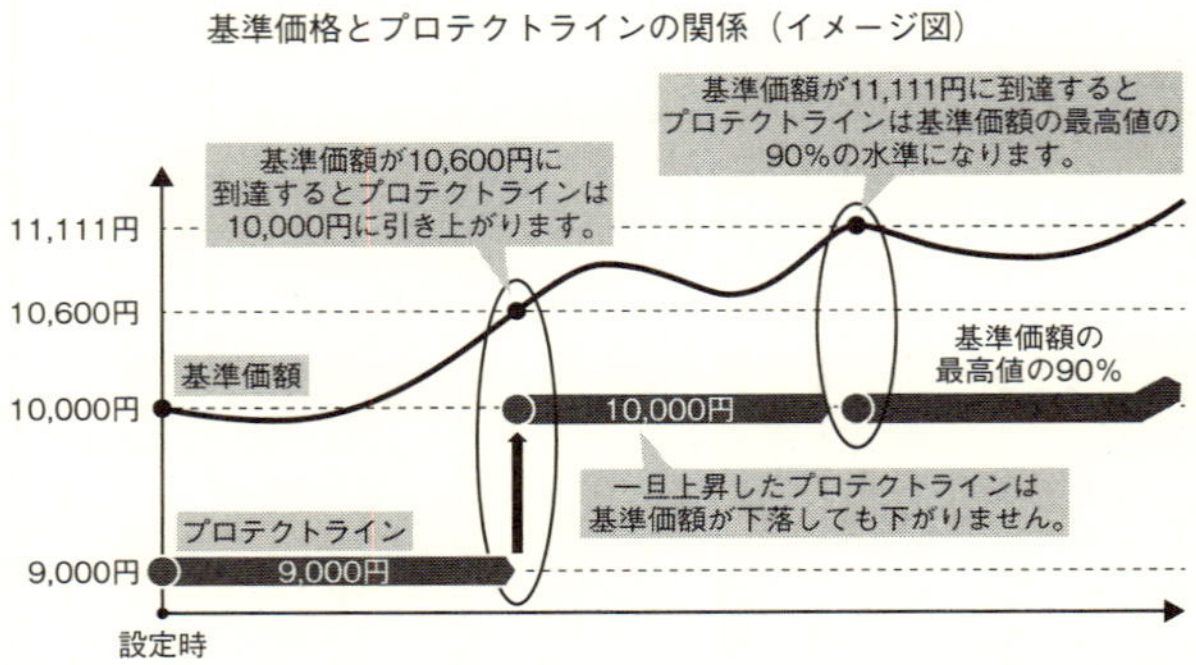
基準価格とプロテクトラインの関係（イメージ図）
基準価額が11,111円に到達すると
プロテクトラインは基準価額の最高値の
90%の水準になります。
基準価額が10,600円に
到達するとプロテクトラインは
10,000円に引き上がります。
11,111円
10,600円
10,000円
9,000円
基準価額
基準価額の
最高値の90%
10,000円
一旦上昇したプロテクトラインは
基準価額が下落しても下がりません。
プロテクトライン
9,000円
設定時

（出所）アムンディ・ジャパン「SMBC・アムンディ　プロテクト&スイッチ」（愛称＝あんしんスイッチ）交付目論見書

後も価格が不安定だった債券も多くを売却し、3月25日には短期金融資産の割合を約80％に、26日には同95％に引き上げた。一連の売買で基準価格は9176円まで下落した（図表7－3）。

株式相場は2020年4月以降、多くの市場関係者が驚くほどの回復ぶりを示した。しかし、ファンドの基準価格は保証価格、つまり、繰り上げ償還のトリガー価格に達するまであと百数十円の余裕しかなかった。運用担当者が株式相場の回復は行き過ぎと判断していたことも、株式投資のリスクを取るのをためらわせたようだ。

基準価格の回復は、まずは債券の組み入れ比

図表7-3 急落に直面し、超安全運用になったプロテクト&スイッチ

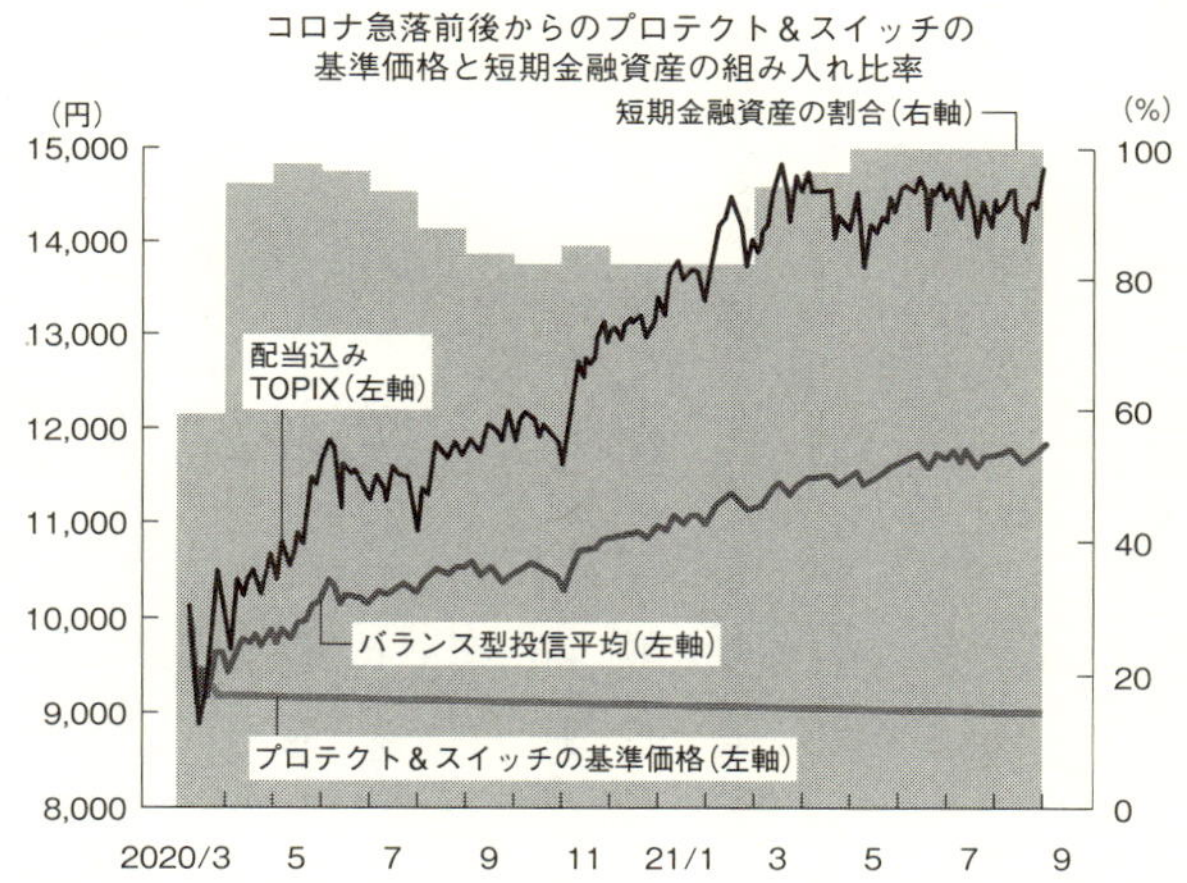

(注) いずれも20年3月9日を1万0005円とした。バランス型投信平均は純資産総額上位100本の平均で、税引き前分配金再投資ベース
(出所) 日本経済新聞電子版「マーケット反射鏡」

率を少し高めることで実現しようと考えたらしい。顧客向け資料から短期金融資産の組み入れ比率の推移を読み取ると、2020年4月末に97・4%まで高めていたのを10月2日には82・6%まで落とした。残りの部分は債券だ。債券投資で基準価格を長期的に回復させ、余裕が出てきたら株式の組み入れも再開しようと考えていたようだ。

運用報酬が基準価格を押し下げ

しかし、ファンドには年0・95%の信託報酬と年0・22%の保証

料が掛かっており、これがコストとして日々の基準価格から差し引かれていく。筆者の計算では両方合わせて土日も含め、1日0・29円ほどのコストがかかる（1万口当たり）。1週間で2円、1年間でざっと100円だ。

このほか、保有している短期金融資産がマイナス金利下で少しずつマイナス金利分の支払いを求められるから、基準価格の下落要因になる。この結果、3月26日に9176円だった基準価格は5月25日に9150円を割り、11月10日に9100円を割った。

それでもアムンディ・ジャパンは12月9日付の資料で、顧客に対し、長期的に基準価格が1万円を回復していくイメージを訴えた（図表7－4）。資料には一応、「市場が上昇した場合に追随できない場合も想定される」とは書いてあったが、基準価格が9044円まで下落した2021年3月22日付の資料にも、「回復には時間を要すると考えられる」と望みをつながせる表現を含ませていた。

最終的に「もう無理」との判断を顧客に伝えたのは、基準価格が9027円まで下落した5月13日付の資料だ。「運用コストが基準価額にマイナスとなることを勘案すると、徐々に下落していくことが予想され、基準価額がプロテクトラインまで下落することも考えられま

図表7-4 顧客向け資料では2020年12月にも回復の可能性を示す

【基準価額回復のイメージ】

基準価額とプロテクトライン®の差により適切な投資対象資産が異なるため（次ページで解説）段階ごとに異なる動きが考えられます。

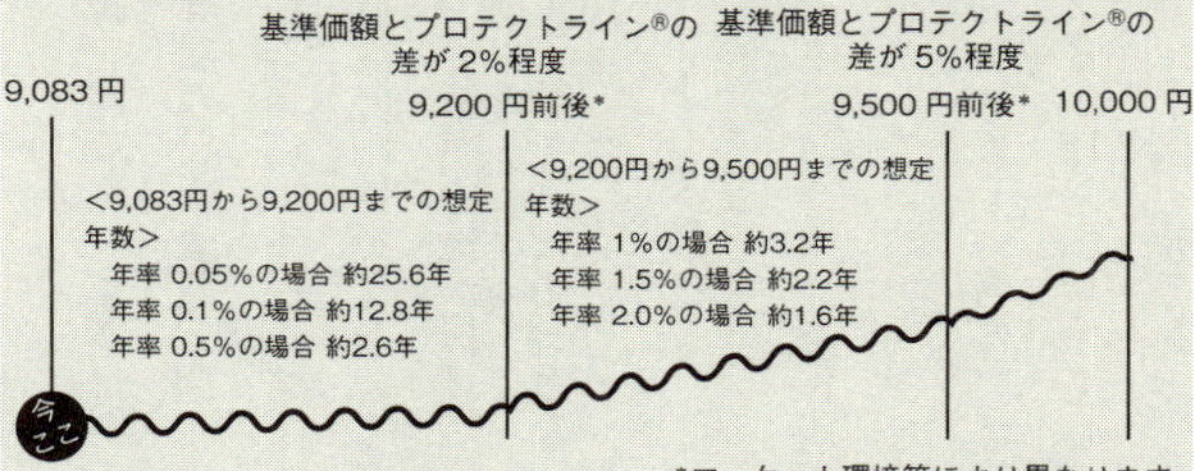

*マーケット環境等により異なります。

※ ここでの年率（リターン）は、ファンドの運用収益から運用管理費用（信託報酬）・保証料を控除したものとします。
基準価額の上昇に伴い、より幅広い資産に投資できると考えられるため、年率（リターン）は想定基準価格ごとに変更して算出しています。

ファンドでは、信託報酬 年率0.957%（税込）、保証料 年率0.22%を費用としてご負担いただいており、これらは基準価額の下落要因となります。なお、今後の運用状況により、短期金融資産部分が減少し、基準価額が上昇した場合には、信託報酬率を変更する場合があります。

上記は基準価額の回復をイメージして試算したものであり、使用した年率はあくまで試算のための仮定の数値です。将来の基準価額の動きや運用成果等を示唆または保証するものではありません。

（出所）アムンディ・ジャパンの顧客向け資料

す」。この資料では5月6日に短期金融資産の比率を１００％に高めたことも伝えていた。

基準価格が９０１２円まで下落した6月28日付の資料では、Q&Aコーナーに「このまま保有してもいいですか？」という設問を置き、「お客様ご自身で判断を」と回答している。８月４日に基準価格が９０００円まで下落し、９月２日付で繰り上げ償還することを発表した。

一連の経緯を踏まえ、筆者はアムンディ・ジャパンに以下のような質問状を送った。

（一）信託報酬及び保証料要因によって、基準価格は土日も含めて1日0・29円ずつ減価する。これを債券運用でカバーする場合には、債券への資産配分割合を20％としても、年利回り5・5％程度の円債を保有する必要がある。こんな円債はないから、遅かれ早かれ、コスト要因によって基準価格が保証価格まで下落することは、株式を全部、売却した2020年3月の時点で予想できたのではないか。

顧客をミスリードしていないか

（二）そもそもコスト要因で保証価格に到達することは、ファンドのリスクとして目論見書で投資家に説明していない。保証価格まで下落するリスクを認識すれば、受益者の資産を守るために解約を勧める、あるいは最低でも状況を説明し判断を委ねる必要があると思うが、貴社は2020年12月に至っても、顧客向け資料に基準価格が長期的には1万円まで回復するようなイメージ図を書き込み、受益者の期待をつなごうとした。受益者をミスリードしたのではないか。
（三）「基準価額が保証価格に近づいた場合、短期金融資産等の割合を増やし、株式や債券市場等の下落の影響を緩和して基準価額の下落の抑制を目指す」という運用方法は確かに顧客向け資料には書いてあるが、「どうせ遅かれ早かれ保証価格まで下落するのならば、起死回生を狙って思い切り株式などのリスク資産に投資する」という運用もあってもいいのではないか。受益者にとってどちらの選択肢がベターかを検討した跡がない。これは受託者責任を果たしていないことにならないか。
（四）短期金融資産100％の運用に切り替えるのは、基準価格が保証価格に達した時点（今回のケースでは8月4日に到達）だと目論見書で説明していたのに、貴社は5月6日に全額を短期金融資産にしてしまった。基準価格回復の可能性を完全に放棄し、5月6日から8月4日まで信託報酬だけを徴収した感じだが、約款に違反していないか。

「責務を果たしてきた」と回答

アムンディ・ジャパンからは以下のような回答があった。

（一）ご指摘のようなシナリオの想定も可能だが、保証価格と基準価格の差の範囲内に運用資産リスクを抑えるという定量的手法によるリスク管理をしつつ、短期金融資産への投資を含め、ポートフォリオの構築を一貫性を持って行ってきた。
（二）委託会社として償還日まで基準価格回復の努力をするのは当然だ。顧客への情報発信には販売会社と連携して適時に取り組み、販売会社も基準価格の回復が難しいことの連絡に尽力していた。顧客をミスリードしたとは考えていない。
（三）基準価格を回復させる手段について、社内で信託約款に基づき、できうる手段を検討し、委託者としての責務を果たしてきた。
（四）2021年3月から4月に掛けて短期国債へ投資する上場投資信託（ETF）や外貨建ての投資適格社債の売却を余儀なくされたが、その後もリスク管理を厳格に行いながら、リスクテークの余地を模索していた。それが見いだせない環境が続いたが、約款違反ではない。

プロテクト&スイッチは2020年3月9日に基準価格が1万5円だったが、2021年

9月2日に9000円で繰り上げ償還した。このファンドが属するバランス型投信の平均的な価格は、2020年3月9日を1万5とすると、2021年9月2日には1万1842になった。バランス型投信のベンチマークではないが、配当込み東証株価指数(TOPIX)は同じく2020年3月9日を1万5とすると、2021年9月2日に1万4796まで上昇した。

さまざまな想定外の出来事が重なったからかもしれないが、「損失限定型」などというエキゾチックな商品にはエキゾチックなリスクがある。株式や債券を単純に組み入れる投信に比べ、どこに落とし穴があるかを想像するのも難しい。仮に投資をするとしても、資産のごく一部にとどめておくのが無難かもしれない。

2　バランス型投信にみるジタバタのリスク

他の投信を組み入れる投信

プロテクト&スイッチは損失限定型というやや特殊な例だったかもしれないが、確定拠出年金などでも運用先として人気があるバランス型投信は、昔のような株式や債券をほどほどに組み入れた中リスク中リターンの商品ではなくなっている。そもそも直接、ファンドが個別株や個別債券を組み入れるケースはまれになっており、ほとんどが他の投信を組み入れるファンドになっている。

他の投信といっても、顧客が買うのは子ファンドで、自社、あるいは運用を再委託する他社が運用するマザーファンドを組み入れるファミリーファンド方式と、顧客が買うのは親ファンドで、自社の別の投信も含め、複数のさまざまな投信を組み入れるファンド・オブ・ファンズ方式の2種類がある。

ファミリーファンド方式の場合はマザーファンドが例えば国内株20％、外国株30％、国内債30％、外国債20％などと典型的なバランス運用をしているのならば、顧客が買う子ファンドは従来型のバランス型投信とほぼ同じだ。ファンド・オブ・ファンズでも組み入れる投信が国内株インデックスファンド、外国株インデックスファンド、国内債インデックスファンド、外国債インデックスファンドなどという場合は、できあがりは従来型のバランス型投信と大差ない。

極めて多種多様な商品

ただ、こうした典型的なバランス型投信は日本の国債利回りがほぼゼロにまで低下していることもあって、国内債券からのリターンがほとんど期待できない状況になっている。運用会社はやはりリターンを上げなければ、自らの存在意義がなくなると考えるから、さまざまな工夫をすることになる。例えば、資産配分比率をあらかじめ決めておく固定型に代えて、相場状況に応じて資産配分比率を柔軟に変動させる可変型にすることがある。

さらに可変型のなかには資産配分比率をコンピューターの指示によって決めるクオンツ運

図表7-5　さまざまなタイプのバランス型投信

資産配分比率が変わるか	リスク商品のウエート	組み入れ投信の運用スタイル
固定型	安定型	インデックス運用
		アクティブ運用
	安定成長型	インデックス運用
		アクティブ運用
	成長型	インデックス運用
		アクティブ運用
	ターゲットデート	インデックス運用
可変型	ジャッジメンタル	インデックス運用
		アクティブ運用
	クオンツ	インデックス運用
	その他	モメンタム戦略など

(注) 可変型はすべてアクティブ運用投信に分類される
(出所) QUICK資産運用研究所の資料などを参考に筆者作成

用もある。ファンドマネジャーが勘と経験だけで資産配分を決めるような商品は今どき、少ないと思われるが、コンピューターの計算結果を受けて最終的に運用のプロが最終判断するタイプの可変型投信はジャッジメンタルと呼ばれる。

バランス型投信は株式が下がるときは債券価格が上昇する傾向があるという古来の相関関係（実際にその通りになるかどうかは怪しいが）を利用した商品で、銀行や証券会社の店頭では「定期預金代わりに少しだけリスクをとってみませんか」と言って売られることがある。

しかし、定義上は複数のタイプの金融商品を組み入れているというだけでバランス型投信に分類されるから、実に多様な商品がある（図表7－5）。固定型、つまり、定期的にリバランスをして最初に決めた資産配分比率を維持する商品がまずあって、そのなかには株式の組み入れ比率が低いか高いかによって、安定型、安定成長型、成長型などに分かれている。

固定型のなかには、組み入れている投信がすべてインデックスファンドで占めているインデックス型のバランス型ファンドと、組み入れている投信をアクティブ運用しているアクティブ型のバランス型ファンドがある。可変型はそれぞれの資産をインデックス運用していようが、アクティブ運用していようが、すべてアクティブ型に分類される。運用手法としてクオンツとジャッジメンタルとがある。

こうした分類だけでなく、何を組み入れるかによっても商品の性格は異なる。日本株と先進国株、国内債券と先進国の投資適格債券を組み入れるタイプが多いが、新興国株、新興国債券、内外のＲＥＩＴ（不動産投信）、金などにも手を広げている商品がある。要は投資初心者に勧めるにはむずかしすぎるのだ。

金融庁は推奨しているが……

「むずかしいことはわからなくても、元本割れのリスクが大きくなくて、定期預金を多少上回る程度の利回りがあればいい」と考えている人も多いだろう。金融庁もホームページでは「リスクを抑えながら老後に備えたい」という目的を持って資産運用をする人のためにバランス型運用の投信が望ましいと紹介しており、将来の資産がどうなるかの欄では「年利3％（の複利）で運用できた場合」の計算結果を載せている。

株式相場や債券相場に大きな波乱がなく、上場企業の業績も堅調に伸びるような年ならば、年3％という水準はともかく、バランス型投信の基準価格は総じてゆるやかに上向くのだろう。例えば2021年のバランス型投信の純資産総額上位100本の運用成績（税引き前分配金再投資ベースのリターン）は10月末までで平均9・35％、最高23・07％、最低マイナス0・56％となっている。元本割れは3本だけだ。ばらつきはあるが、「リスク商品だから、こんなものだろう」といえる範囲内だ。

ところが、新型コロナウイルスの感染症の広がりを受けて春先に世界の株式相場が急落した２０２０年の１年間の運用成績は平均２・58％、最高12・00％、最低マイナス15・60％だった。元本割れが22本もあった。配当込みＴＯＰＩＸの上昇率が２０２０年は７・39％、２０２１年は10月末までで13・06％と大きな差があったためでもあろうが、運用成績のばらつき度合いは株式相場が平時だったか、非常時だったかで、まったく異なるのである。

２０２０年に運用成績が悪かった投信の１つが前節で紹介したプロテクト＆スイッチ（マイナス10・９％）だったわけだが、厳しかったのはこの投信だけではない。定期預金プラスアルファの利回りを期待していた人、金融庁のホームページを信じた人のなかには、想定外の損失を抱えた人もいた。安易にリスク商品に資金を振り向けるべきではないことがわかる。

３　平時に気づかない非常時のリスク

ＧＰＩＦにみるバランス型運用

バランス型の運用という点で多くの人が頭に思い浮かべるのは、年金積立金管理運用独立行政法人（ＧＰＩＦ）による年金積立金の運用ではないだろうか。２０１４年10月末に基本ポートフォリオを大幅に変え、内外株式のウエートを従来の約2倍の50％（残りは内外債券）に高めたので、２０１５年度（２０１５年4月から２０１６年3月まで）から２０２０年度までの6年分の運用成績を振り返ってみよう。

資産配分は固定しており、個々の資産の運用手法の一部にアクティブ運用を取り入れているので、投信でいえば、バランス型投信の固定型のアクティブ運用に分類されるが、実際には大半がインデックス運用なので、固定型のインデックス運用と呼んでも差し支えはないだろう。株式のウエートから考えて、安定成長型である。全体の運用成績はやはり株式部分がうまくいったかどうかに左右されており、ほぼゼロ金利の国内債はほとんどリターンを生んでいないことがわかる。

それぞれの資産ごとの6年累計のリターン（年率換算していない）は大きい順に外国株式が70・3％、国内株式が43・8％、外国債券が10・5％、国内債券が4・4％となっており、4資産合わせた全体では31・2％となっている（図表7－6）。

世界の株式市場の合計時価総額のうち、東京市場のウエートは6％程度なので、ＧＰＩＦ

図表7-6 公的年金積立金の運用成績（%）

	2015年度	2016年度	2017年度	2018年度	2019年度	2020年度	6年累計
全体	-3.88	5.93	6.99	1.54	-5.26	25.15	31.15
国内債券	4.07	-0.85	0.80	1.43	-0.36	-0.68	4.40
外国債券	-3.32	-3.22	3.71	2.70	3.55	7.06	10.48
国内株式	-10.80	14.89	15.66	-5.09	-9.71	41.55	43.78
外国株式	-9.63	14.20	10.15	8.12	-13.08	59.42	70.31

（注）6年累計は年率換算前のリターン
（出所）年金積立金管理運用独立行政法人（GPIF）ホームページ

が株式の半分を国内株式に振り向けているのは、いくらホームカントリーバイアス（本国市場の比重を高める傾向）があるといっても、大きすぎる印象があるが、典型的なバランス型運用の一種といってもいいだろう。

運用成績に大きなばらつき

現実のバランス型投信には実にさまざまなタイプがあることは本章第2節で説明した通りだが、長期的な運用成績も実にまちまちである。純資産総額上位200本のうち、5年間の運用実績があるのは157本だが、2021年9月末までの5年累計リターンにはプラス72・72%からマイナス4・95%までの格差がある（図表

図表7-7　大差があるバランス型投信の運用成績

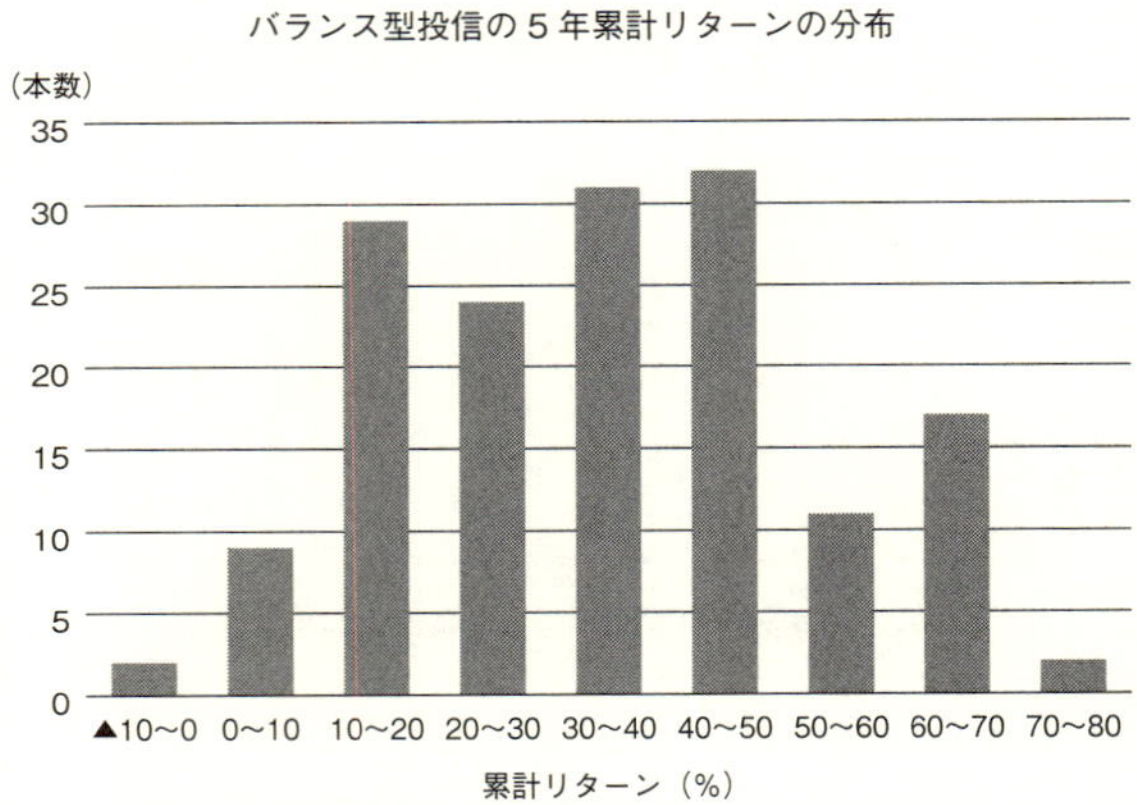

（注）対象は2021年9月末現在で純資産総額上位200本（約90億円以上）までのバランス型投信（ETFとラップ・SMA専用を除く）のうち、5年間の運用実績がある157本
（出所）QUICKのデータをもとに筆者作成

7－7）。

金融庁のホームページが示唆する年3％の利回りが実現していたとすると、5年累計のリターンは15・93％になり、157本の投信のうち、81・5％に当たる128本がクリアしているから、「まあまあの好成績」ではないかと受け止める人もいるだろう。ただ、2021年9月末までの5年間の配当込みTOPIXの上昇率は71・75％と、2000年以降の5年間の配当込みTOPIXの騰落率（月末から月末への投資と仮定）としては上位23％目に当たっている。

図表7-8　５年間の累積リターンが低かったバランス型投信

	ファンド名	運用会社	5年累積リターン	2020年のリターン	2021年のリターン
1	トレンド・アロケーション・オープン	三菱UFJ国際投信	▲4.9	▲15.6	4.0
2	しんきん世界アロケーションファンド	しんきんAM投信	▲3.0	▲4.8	3.7
3	ＤＣニッセイ安定収益追求ファンド	ニッセイAM	1.7	▲0.4	▲1.0
4	ＤＣ日本国債プラス	三井住友DSAM	3.2	2.0	0.9
5	東京海上・円資産バランスファンド（毎月）	東京海上AM	3.8	▲6.1	2.6
6	東京海上・円資産バランスファンド（年１回）	東京海上AM	3.9	▲6.1	2.6
7	バランス・イノベーション（債券重視型）	三菱UFJ国際投信	5.6	0.3	2.4
8	ＹＭアセット・バランスファンド（安定）	ワイエムAM	6.1	3.5	▲0.2
9	野村ＤＣ運用戦略ファンド	野村AM	6.3	0.1	0.3
10	バランス・イノベーション（株式抑制型）	三菱UFJ国際投信	8.5	▲1.0	4.4

（注）単位%、▲はマイナス、2021年のリターンは9月末まで。対象は2021年9月末現在で純資産総額上位200本のバランス型投信のうち、5年間の運用実績がある157本
（出所）QUICK

かなり追い風が吹いていたなかでのリターンの分布だから、ちょっと割り引いて考えた方がいい。

むしろ気になるのは、5年間の累積リターンが低かった10本の投信を見ると、そのうち6本は株式相場が乱高下した2020年のリターンがマイナスだったことだ。その顔ぶれを図表7－8に示したが、クオンツ運用の商品が目立つ。相場に大きな波乱がなかった年には順調に運用成績を伸ばしていても、特定の1年に大きなダメージを受けて、長期的に満足なリターンが返せなかったことを意味している。

クオンツ運用の動きは読めない

前節でも述べたように、運用会社は国内債券からほとんどリターンを得られないことに悩んでおり、その打開策としてクオンツ運用に頼ることがある。どんなモデルで運用するかは千差万別だろうが、要は過去の経験則からみた資産間の相関関係が今後も通用すると仮定したうえで、確率に基づいて資産分散を決める世界に入っていくのだ。

一般の顧客に販売するためには「2008年のリーマン・ショック時に運用していたとし

ても、大きな傷を受けずにすんだことがシミュレーション上、実証されている運用モデルだ」などと説明するのが近道だ。

しかし、リーマン・ショック時と同じように見える相場の波乱局面が来たとしても、まったく同じ経過をたどることなど普通はない。相場が下落するスピードも違うだろうし、株価下落時に日々の債券価格がどんなふるまいをするかなどは、その場になってみなければわからない。だからモデルによってはうまく乗り切ることができるだろうが、モデルによっては全然ダメなこともある。

具体例で言えば、バランス型投信で純資産総額の首位争いをしている東京海上・円資産バランスファンド（毎月分配、愛称＝円奏会）（運用は東京海上アセットマネジメント）と、投資のソムリエ（運用はアセットマネジメントOne）を比べると、両方ともクオンツ運用だが、2020年は投資のソムリエがうまくいき、円資産バランスファンドはダメだった。2021年は10月末まで大きな相場の波乱はないが、円資産バランスファンドのほうが投資のソムリエよりもよかった。

円資産バランスファンドは2020年がマイナスリターンだったことが響き、2021年

9月末までの5年累積リターンでワースト5（純資産総額上位200本のなかでの順位）となっている。このようにバランス型投信のなかでも、クオンツなどの高度な運用をするものは相場の乱高下などの非常時にどんな値動きをするか、予想しにくいのである。

どんな投信でもリスクはあるが、非常時のふるまいが予想できないという点で、複雑な運用をする投信は一種の投機商品だと筆者は考えている。面白そうだから買ってみようという場合にも、販売担当者の説明などはうのみにしないほうがいい。

4 固定型と可変型のどちらがいい

家計の資産運用の参考になる

投信にはさまざまな種類があるのに、バランス型投信の話をくどくどと書いているのは、多くの家計で金融資産の運用そのものが、預貯金、株式、投信などに分散されたバランス型運用になっているためだ。本当は預貯金を大量に持っているのならば、債券など固定金利商品にも資産を振り向けるバランス型投信などを買わなくてもよく、株式のリスクをとるのならば株式投信、外債のリスクをとるのならば外債投信、不動産のリスクをとるのならばＲＥＩＴをストレートに買えばよさそうだが、実際に企業型や個人型の確定拠出年金で選ばれる投信には、バランス型が多い。

クオンツ運用などエキゾチックな商品のリスクは前節で説明したが、もう一つ考えておかなければならないのは、相場状況に合わせて資産構成を柔軟に組み替える「可変型」がいいのか、あらかじめ決めた資産構成にこだわる「固定型」がいいのかというポイントだ。家計の資産運用でいえば、株式相場が上がりそうだと考えるときに株式を大量に持ち、危ないと考えるときには株式保有を減らす運用がいいのか、常に株式の割合は一定程度に保つと決め、株式相場が上昇したら一部を売却し、株式相場が下落したら追加購入するのがいいのかという点だ。

何となく機動的に資産構成を組み替えたほうが賢く見えるかもしれないが、実際にどちらが優位かはバランス型投信の５年リターン（年率）で確認してみることにしよう（図表７－９）。純資産総額上位２００本のうち５年間の運用実績がある１５７本を固定型と可変型に

図表7-9 運用成績上位に固定型が多く、下位に可変型が多い

	順位	ファンド名	5年リターン（年率）	可変型に○
上位10本	1	DC世界経済インデックスF（株式シフト型）	11.55	×
	2	東京海上セレクション・バランス70	11.34	×
	3	DCインデックスバランス（株式80）	10.71	×
	4	のむラップ・ファンド（積極型）	10.56	×
	5	野村世界6資産分散投信（成長コース）	10.51	×
	6	DCマイセレクションS75	10.40	×
	7	DCマイセレクション75	10.31	×
	8	日立バランスファンド（株式70）	10.17	×
	9	GアロケーションF（毎月）H無（目標払出）	10.11	○
	10	インデックスコレクション（バランス株70）	10.11	×
下位10本	148	バランス・イノベーション（株式抑制型）	1.64	○
	149	野村DC運用戦略ファンド	1.23	○
	150	YMアセット・バランスファンド（安定）	1.19	×
	151	バランス・イノベーション（債券重視型）	1.10	○
	152	東京海上・円資産バランスファンド（年1回）	0.76	○
	153	東京海上・円資産バランスファンド（毎月）	0.75	○
	154	DC日本国債プラス	0.64	×
	155	DCニッセイ安定収益追求ファンド	0.34	○
	156	しんきん世界アロケーションファンド	-0.61	○
	157	トレンド・アロケーション・オープン	-1.01	○

（注）2021年9月末現在
（出所）QUICK

分けると、固定型が１１３本、可変型が44本となっている。

成績上位は固定型が大半

１５７本を５年間の年率リターン順に並べると、上位79本のうち固定型は71本を占め、可変型で上半分に仲間入りするのはアセットマネジメントＯｎｅが運用する「グローバル・アロケーション」シリーズの３本、三井住友ＤＳアセットマネジメントが運用する「日興ブラックロック・ハイ・クオリティ・アロケーション・ファンド（ヘッジなし）」などに限られている。

これらの投信の目論見書を注意深く読むと、ともにブラックロック・インベストメント・マネジメントＬＬＣが運用するルクセンブルク籍の「グローバル・アロケーション・ファンド」を通じて世界の株式や債券に投資しており、組み入れ銘柄や組み入れ比率も同じだ。同一の投信を組み入れるファンド・オブ・ファンズを別々の運用会社が日本国内で設定したものと考えてもいいだろう。

一方、下位78本の顔ぶれを見ると、固定型は42本にとどまり、残りの36本が可変型になっている。可変型にはコンピューターが資産配分を決めるクオンツと、ファンドマネジャーが最終判断をするジャッジメンタルの2通りがあると本章第2節で述べた通りだが、クオンツは当たり外れが大きく、ジャッジメンタルは低調なものが多いというのが、過去5年間の実績である。

乱高下を交えた2020年と、総じて順調だった2021年とで固定型と可変型との優劣に違いがあるかというと、純資産総額上位100本のうち、2020年1年間の運用実績がある98本を見ると、固定型63本のリターンは平均3・63%、可変型35本のリターンは平均0・70%だった。2021年は10月末現在で99本の投信が運用継続中（第1節に紹介したプロテクト&スイッチは9月2日に繰り上げ償還）だが、固定型64本のリターンは平均11・14%、可変型35本のリターンは平均6・06%だった。非常時も平時も固定型が優位だったというわけだ。

もっとさまざまなデータを引用して分析をしないと、最終的な結論は出せないかもしれないが、とりあえずの分析では機動的に資産配分を変動させることをうたい文句にした投信に優位性は見いだせない。

適度なリバランスで基本の比率の維持を

これを家計の資産運用になぞらえると、預貯金は○%、国内株は○%、外国株は○%、外国債は○%、REITは○%、金地金は○%などと基本的な資産配分を決め、運用を続けていって株価などの変動で比率がずれたら、膨らんだ資産を売却してへこんだ資産を購入するといった手法のほうが、相場動向を見ながら価格が上昇しそうな商品を大量に買うといった手法よりも成果が出やすいことを示しているのかもしれない。

GPIFは資産配分比率を最初に定めた比率に戻す売買(リバランスという)を毎月1回やっているが、これは株価指数や債券指数などのベンチマーク通りに運用することを重視しているためだろう。家計の資産運用はそこまでの厳密な話ではないし、頻繁に売買すると手数料がかさむというマイナスもあるので、3カ月か半年に1回程度、リバランスをするかどうか(あまりズレが大きくなければしなくもいい)を検討する程度でいいのではないだろうか。

5　分散投資は気休めかも

卵のかごが全部落ちるリスク

「一つのかごに卵を全部盛ってはいけない」。初心者向けの投資の教科書に必ず書いてあることである。その一つのかごを落とすと卵は全部割れてしまうが、もし複数のかごに分けて持っていれば、いっぺんに卵が割れることはないだろうという理屈だ。しかし、2008年に起きたリーマン・ショックなど世界の金融市場を危機に陥れる局面では、全部のかごがいっぺんに落ちてしまうことがある。分散投資が安心とは言い切れない。

あえて分散投資などと呼ばなくても、金融資産を保有しているたいていの家計は、ある程度、資産は分散保有されている。図表7－10は第2章に掲載した円グラフ（図表2－11）のもとになったデータだ。2021年6月末の個人金融資産の総額は1992兆円だった。このうちの32・6％は保険・年金・非上場株など換金しにくい商品に振り向けられているが、

図表7-10 家計の金融資産の分散

	タンス預金	普通預金	定期預金	外貨預金	債券	上場株	投資信託	外国証券	保険・年金・非上場株	合計
1980年3月	2.6	9.0	47.1	0.0	7.0	6.4	1.3	0.2	26.3	100
1990年3月	1.8	5.7	38.0	0.1	5.4	11.0	3.9	0.4	33.7	100
1997年12月	2.3	8.0	43.7	0.1	5.0	4.6	2.0	0.4	33.9	100
2000年3月	2.3	8.4	42.3	0.2	3.6	6.6	2.3	0.3	34.0	100
2007年6月	3.7	17.6	26.4	0.3	2.6	6.8	4.6	1.1	36.9	100
2009年3月	4.2	19.0	30.1	0.4	2.9	3.6	3.2	1.0	35.6	100
2012年12月	4.5	20.5	28.6	0.4	2.0	3.9	3.6	1.2	35.3	100
2019年12月	5.1	25.7	22.1	0.4	1.4	6.1	3.9	1.2	34.1	100
2021年6月	5.1	28.3	20.1	0.4	1.3	6.6	4.5	1.1	32.6	100

（注）単位%、換金性の乏しい資産を「保険・年金・非上場株」としてまとめた
（出所）日銀「資金循環統計」をもとに筆者作成

残りの67・4%は銀行と証券会社が取り扱っている商品だ（タンス預金5・1%を含む）。

その内訳はタンス預金5・1%、普通預金・定期預金・債券の固定金利商品が49・7%、上場株が6・6%、投信が4・5%、外貨預金・外国証券が1・5%となっている。実はこの比率は過去に遡ってもあまり変わらない。バブルピークに近い1990年3月末にはタンス預金が1・8%、普通預金・定期預金・債券が49・1%、上場株が11・0%、投信が3・9%、外貨預金・外国証

券が0・5%だった。

タンス預金と外国ものが若干増えた感じではあるが、大きな構成は変わらない。上場株や投信の比率は株式相場の水準によって上下するので、1990年3月末当時のTOPIXが2021年6月末の1・15倍、投信の水準が1・07倍（投信の基準価格はTOPIXの半分の振幅で動くと仮定した）だったことを踏まえて、当時のリスク商品の保有比率を実質化すると、上場株は9・6%、投信は3・6%になる。

「貯蓄から投資へ」は進んでいない

上場株と投信とを合わせると当時は構成比が実質で13・2%、今日は11・1%という感じだ。同様の計算を山一証券が自主廃業を決めた直後の1997年12月末、IT（情報技術）株バブルのピークに近い2000年3月末、リーマン・ショック前の世界経済のピークの2007年6月末、リーマン・ショック後の底だった2009年3月末、アベノミクスが始まる前の2012年12月末、新型コロナウイルスの流行前の2019年12月末のそれぞれの時点でもやってみたが、上場株と投信を合わせた比率（TOPIXの水準に合わせて実質化した後）は9・9～13・8％の間を行ったり来たりしており、「貯蓄から投資へ」の方向に動いているようにはみえない。

普通預金・定期預金・債券の合計値も46・7～56・7％の間で推移している。強いていえば、山一証券が自主廃業を決めた後のように経済の先行きに不安感が募った局面では元本確保型の商品のウエートが高くなり、世界同時成長の頂点だった2007年6月末には元本確保型の商品のウエートが低下して、リスク商品への若干の資金シフトがみられた。

もちろんこの数字は国民全体の集計値であり、個々の家計の状況はさまざまであろう。ただ、多くの家計はお金のことであれこれ悩みたくない、金融市場の変動に振り回されたくないという発想で、預貯金を中心に金融資産を保有している。インフレになったら購買力を失うのではないかという声もあるかもしれないが、本当に株式や金がインフレに強いかどうかは何ともいえないわけで、家計のポートフォリオの組み方に正解などないと感じる。

さすがに妻に内緒で夫が株式投資にのめり込み、信用取引なども活用してどんどんとポジションを広げるような行為は、やめたほうがいいだろう。何かのショックで相場が逆回転し始めると、預貯金だけでは委託証拠金をまかないきれず、金融資産の大半を失ってしまう可能性があるからだ。しっかりリスク管理をしないままに投資にのめり込むのは、どんな場合でもご法度である。

非常時に冷静な判断ができるのか

しかし、預貯金中心をやめて、さまざまな金融商品に資産を分散すればいいのかというと、そんな簡単なものではないだろう。平時と非常時とでは金融商品の値動きは大きく異なる。平時には「株価が下がれば、債券価格は上がる（金利は低下する）」といったメカニズムが図入りで説明されると、「そんなものか」と思ってしまいがちだが、非常には金融市場から資金が急速に流出し、株価も債券価格も下がるといったことはよくある。

投資の教科書に書いてあるからといって、リスク商品のウエートを高めてしまい、金融危機にでも直面したら、冷静な判断ができるとは限らない。

「でも、異常な値動きをしたら、遅かれ早かれ戻るのでしょう」と言われるかもしれない。2020年3月の新型コロナウイルスの広がりで世界の株式も債券も値下がりしたときには、確かに4月以降、急速に戻った。しかし、どうするか判断するのは急落の渦中である。

急落に直面し、さらにどこまで下がるかわからないような状況だと、怖くて株式も債券も売ってしまうかもしれない。手放してしまえば、4月以降に相場が戻ってもそれに乗ることはできず、急落時の売却で発生させた大幅な実現損を前に途方に暮れるだけだ。

株価は生き物だが、普段は落ち着いているように見える債券価格も非常時には激しく動く。REIT（不動産投信）、金、原油、穀物などの価格も同じだ。非常時には機関投資家がいっせいにお金を引くから、リスク商品の価格はすべて不安定になると考えてもいい。分散投資の考え方は重要だと思うが、慣れないことには、心の準備も含めて周到な用意をしないままに手を出すべきではない。

6　預貯金中心で何が悪い

つみたてNISAは平均1万3500円ずつ

前節で示した通り、日銀の資金循環勘定をもとに分析すると、家計（個人事業主も含む）

の金融資産は全体の3分の1ぐらい（33％）が保険・年金・非上場株といったあまり流動性のないもので占められている。残りは銀行預金が普通預金と定期預金を合わせて50％程度、タンス預金が5％程度、債券が1％台、株式と投信が11％程度、外貨預金と外国証券が1％台という感じだ。

人にもよるだろうが、保険・年金・非上場株などは将来、お金に替わるとしても相当先のことだから、あまり金融資産として意識していないのではないか。残りの資産を100として家計の金融資産構成を計算し直すと、銀行預金が75％程度、タンス預金が7％程度、債券が2％程度、株式と投信が16％程度、外貨預金と外国証券が2％程度といったところだろう。

株式や投信の割合は株式相場が高いときは上昇し、安いときは下落する傾向があるが、株価指数の高低で調整し、「元本ベース」の比率を試算してみると、昔から16％程度であまり変わらない。というか政府の「貯蓄から投資へ」の旗振りに反して、わずかずつ減っているような印象もある。

平均像だけを言えば、金融資産が多い人のほうがリスク商品のウエートが高くなるが、高齢になると株式や投信は売却してしまい、預貯金の割合を高めるようだ。ただ、まだ少数派とはいえ、積み立て型の少額投資非課税制度「つみたてNISA」を利用してインデックス投信などを毎月少しずつ買う若年層が急速に増えている。金融庁のデータ集から試算すると、つみたてNISA利用者の月平均の積立額は1万3500円程度だ。

若いうちは投資に失敗しても勤労収入でカバーできるから、元本割れの可能性があるリスク商品を多少買っても構わないと考えているが、投資の教科書には「リスク商品のウエートは100から年齢を引いたぐらいがちょうどいい」と書いているものがある。30歳ならば70%、50歳ならば50%、70歳ならば30%というわけだ。

実際にこうした考え方を反映させた「ターゲット・デート・ファンド」と呼ぶ投信も商品化されている。購入者が年を重ねるにつれて、株式などのリスク商品のウエートを引き下げていき、安全運転に衣替えしていくような商品だ。日本にもある。米国では401kと呼ぶ確定拠出年金制度が普及しているが、いくら株式投資が盛んな米国でも、一般の勤労者すべてが投資に精通して前のめりになっているわけではない。

退職後のために自助努力で資産形成をしてもらうことが政策上も極めて重要になっているため、米国ではさまざまな法律を整備して、企業に勤め始めたら、オプトアウト（自らやらないと選択すること）をしない限り、企業が用意した確定拠出年金に加入しなければならず、自分で「この投信を買う」と選択しない限り、ターゲット・デート・ファンドを自動的に給料の一定比率だけ買い付けるようになっている。

確定拠出年金は資産の6割弱が実質確定利付き商品

もっとも政府が旗を振って個人にリスクを取らせようとしても、そんなに簡単に個人の行動は変わらないのではないか。日本でも米国流の考え方で従業員のお金を半ば強制的に投信などに積み立てさせようとしている企業もあるが、まだまだ少数派だ。「農耕民族だから」なのか「住宅という不動産でもう十分にリスクを取っているから」なのか「やはり頼りになるのは銀行預金」と考えているからなのかわからないが、預貯金大国から急に投資大国になるとは思えない。

もっとリスクを取るべきだという声は常にあるのだが、確定拠出年金を取り扱う運営管理機関連絡協議会の集計では預貯金、保険、国内債を非リスク商品だと区分けすると、企業型でも個人型（ｉＤｅＣｏ）でも資産総額の58％がいわば確定利付き商品に振り向けられ、投

図表7-11 確定拠出年金は6割弱が固定金利商品で運用

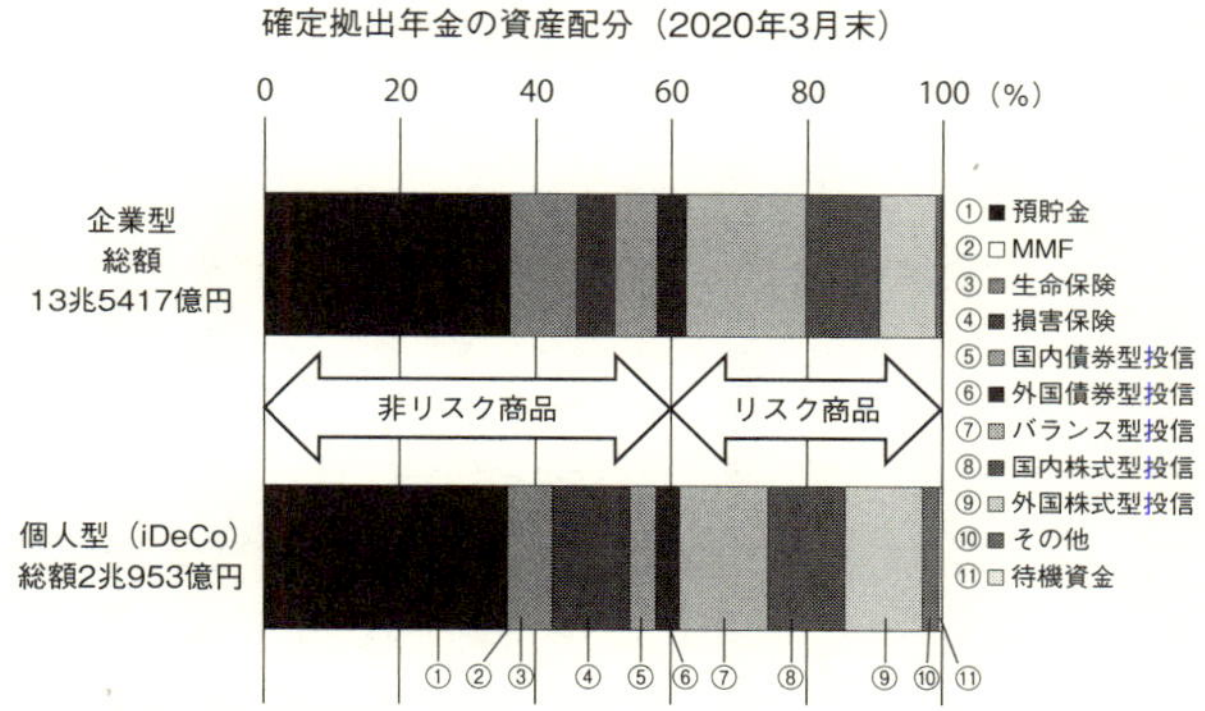

（注）預貯金から国内債券型投信までを非リスク商品と仮定した
（出所）運営管理機関連絡協議会

信でも一番人気があるのは、リスクが抑制されたバランス型投信となっている（図表7－11）。

もう一度、家計の資産配分の話に戻ると、流動性がある金融資産のうち75％が銀行預金、7％がタンス預金になっている。インフレが来た場合に購買力が維持できるのかと、株式投資を促す証券市場の関係者も多い。しかし、インフレになれば株価が上昇するなどという因果関係は、筆者が調べた限り、それほどはっきりといえるものではない。

「個人が株式投資に消極的だから、日本経済が成長しないのだ」という人もいるが、株式保有を減らしてきたのは個人ではない。銀行、生命保険会社、企業年金基金である。かつては保有株式が大量の含み益を抱えていたため、株価の変動に慌てることはなかったが、株式相場の下落とともに含みが薄くなり、株価の変動が期間損益に響くようになって、株式を保有しにくくなったためだ。時価会計の導入も株式を保有しにくくなった一因だ。

金融庁が２０２１年９月28日に発表した地方銀行や信用金庫向けの新たな資本規制も、金融機関が株式を保有するのをけん制する内容だ。銀行は株式など損失リスクがある資産を持つためには、その一定比率以上の自己資本を保つ必要がある。新規制はこの自己資本比率の計算式で、株式のリスク評価を２・５倍に高めるという。

一方で、無格付けの中堅・中小企業向け債権は逆に評価15％引き下げ、金融機関が本来の金融仲介機能を発揮できるようにするという。大手銀行には２０２３年３月末から適用する内容の規制を、地方銀行以下の金融機関にも２０２４年３月末から適用するというのが、今回の発表の趣旨だ。

政策が迷走、ミスマッチも

伝統的な投資家が株式を保有しにくくなったのならば、投資ファンドなどの新しいタイプの投資家を育てる政策が必要だったのではないかと思うが、企業はうるさい投資ファンドに大量の株式を持たれるのを嫌った。政府が「貯蓄から投資へ」の旗を振り、個人に株式を保有させようとしてきた背景には、こんな事情が潜んでいる。

ところが、個人株主育成策は空振りに終わり、銀行や生命保険会社、企業年金基金などの株式売却の穴を埋めたのが外国人投資家だった。東証の株式売買代金の7割程度を外国人が占めることが常態化し、証券市場の朝のあいさつは「今日は外国人が買いか売りか」というようになって久しい。

日銀も２０１０年12月から上場投信（ＥＴＦ）を通じて株式を買うようになり、原則として買わないことを決めた２０２１年3月までの累計購入額は元本ベースで36兆円強に達した。２０２１年10月末現在では時価で約53兆円のＥＴＦを保有している。

相場の急落時に投資家に考える時間を与えるために日銀が買い支えるといった政策ならば

わからないわけでもないが、常時、買い支えてきたことにどんなプラスの効果があったのかよくわからない。ＥＴＦというインデックス型の買いだから、優れた企業の株式が買われ、ダメな企業の株式が売られるという市場メカニズムに反することになるし、もし日銀が買っていなかったら自然体の株価がいくらぐらいになっていたのかわからなくなってしまったから、個人投資家はリスクを取って株式を買うことに消極的になってしまった。

株式投資は非常にリスクが大きいものである。銀行、生命保険会社、企業年金基金が株式を保有しにくくなったからといって、この荒々しい資産の担い手を個人に押しつけようというのは、もともと無理があったのではないか。日経平均は１９８９年末に付けた最高値から、リーマン・ショック後の２００９年3月に付けた安値まで81・９％下落した。こんなに大幅な下落が再び起きるかどうかはわからないが、長期に投資をし続ければ、50％ぐらいの下落は普通に一、二度、あることである。

投資の教科書に従って株式投資を膨らませていき、50歳代になって金融資産の50％が株式になっていたと仮定して、株価が半値になれば、金融資産の4分の1が吹き飛んでしまうことになる。しかも、急落後に相場が戻るかさらに下がるかなどは神のみぞ知る話だ。混乱のなかで判断を一つ間違えば命取りになりかねないことは、容易に想像できることである。

そういう場面があってもいいと本当に心の準備ができる人以外は、預貯金中心のポートフォリオでいっこうに構わないのではないかと思う。慣れないことをすると大けがをする恐れがある。試しに少しやってみるという程度ならば構わないが、「金融リテラシーを高めてもっと投資をしよう」などというセールストークを真に受ける必要はない。

第 8 章

投資優遇税制の役割

NISA を PR する金融庁のホームページ

1　「老後2000万円問題」などなかった

ピンからキリまで、老後の生活

ちょっと地方の観光地を旅行すればわかることだが、その地域を代表する超高級旅館に宿泊しようと思うと、宿泊費の上限には限りがない。夫婦2人1泊2食で10万円ぐらいする旅館は珍しくなくなった。一方、夫婦で1万円ぐらい払えば、清潔な温泉にも入れ、郷土色も加味したおいしい朝食が楽しめる新しいビジネスホテルなども増えている。

旅行する金銭的な余裕も乏しい人から見れば、どこかに行ってホテルや旅館に泊まるだけでもぜいたくかもしれないが、仮に同じ行き先でも、その旅行に掛けるお金はピンからキリまであるのだ。旅行に限らず、老後の生活でのお金の使いようなどは本当にさまざまだから、2019年6月に金融庁の金融審議会市場ワーキング・グループが「高齢社会における資産形成・管理」と題する報告書で、高齢夫婦無職世帯の月々の赤字を30年分累計すると、20

図表8-1　夫婦とも65歳以上の世帯の収支は黒字？

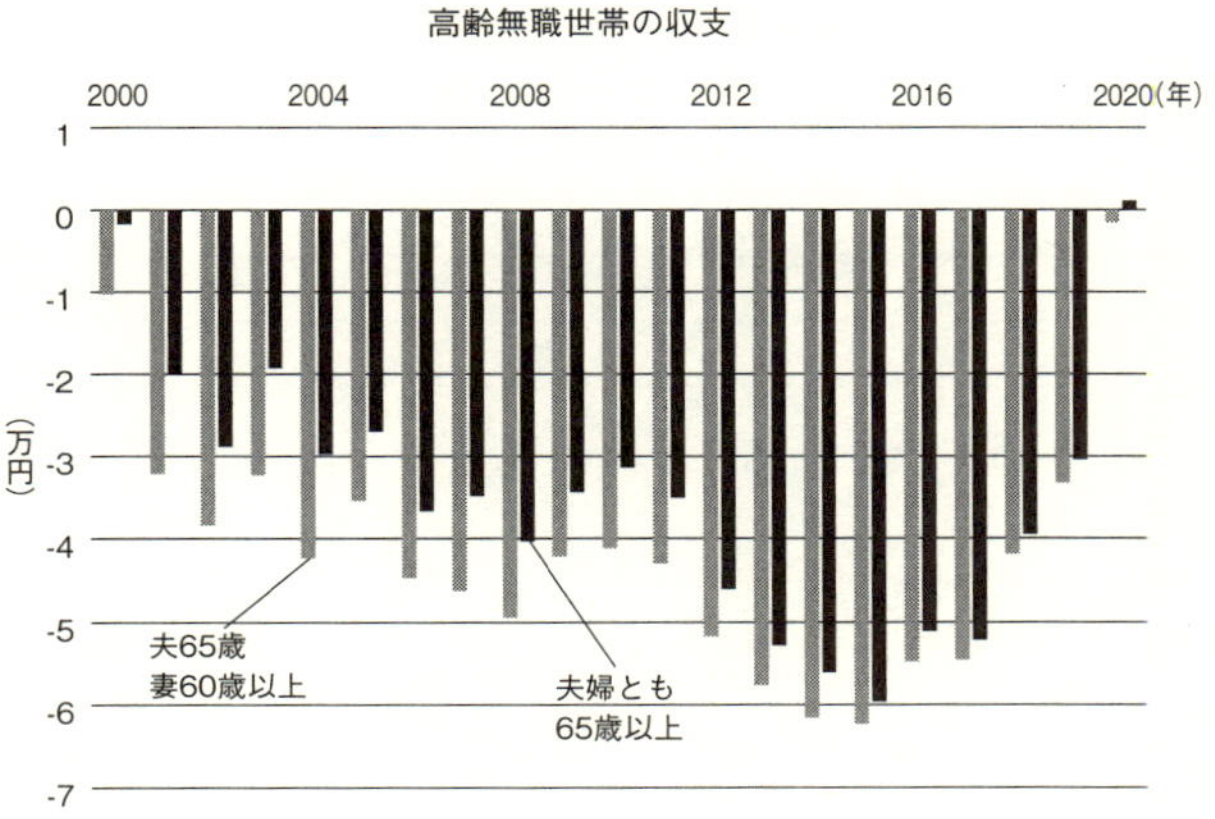

（出所）総務省「家計調査年報」

００万円に達するとの試算を示したとき、「そんな大金をどうやって作るのか」という立場と、「その程度の貯金で足りるはずがない」という立場の両面から、大きな反響を呼んだのは無理もない。

「老後２０００万円問題」というのは、あくまでも平均値だ。不足額の試算の前提に使ったのは総務省の家計調査年報の２０１７年のデータだ。夫65歳以上・妻60歳以上の高齢夫婦無職世帯の収支（可処分所得から消費支出を引いた金額）が毎月５万４５１９円の赤字だったとして、これに夫が95歳になるまでの３６０カ月分（30年分）を掛け合わせると、１

図表8-2　2020年を除き、消費支出はまずまず安定

高齢夫婦無職世帯（夫65歳以上・妻60歳以上）の収支

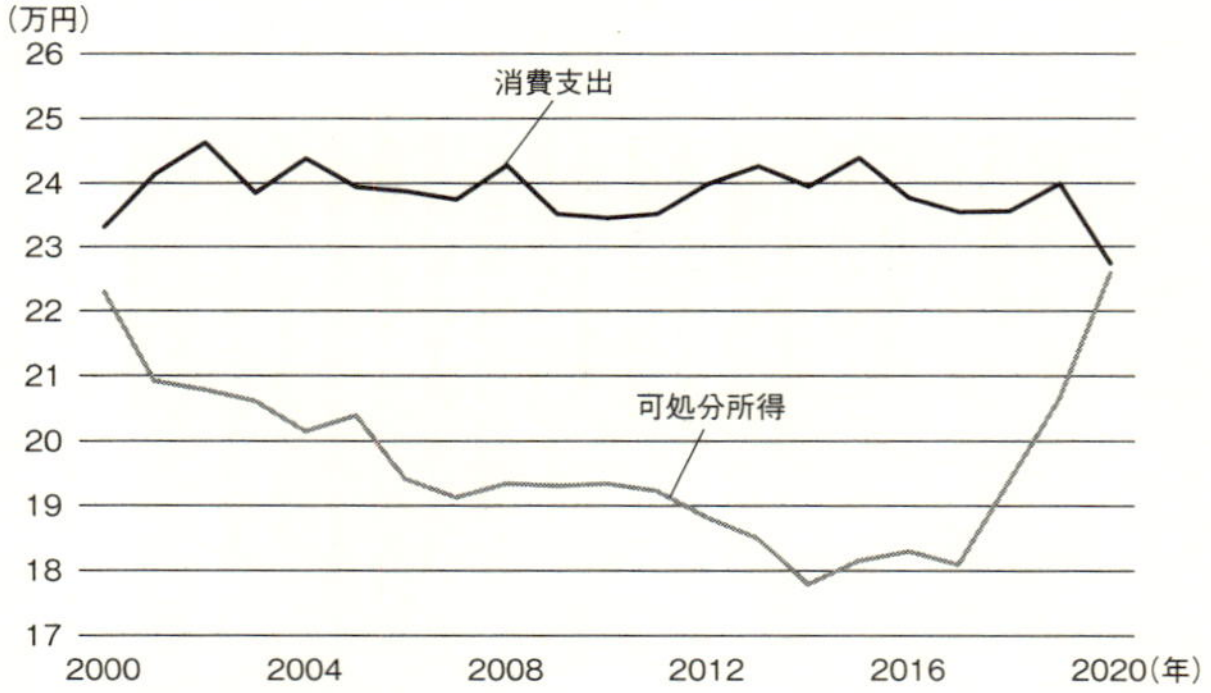

（出所）総務省「家計調査年報」

９６２万円が不足するとはじいたわけだ。

といっても月々の赤字額は調査年によって変わっており、２０１９年には３万３２６９円、新型コロナウイルスの流行で外食や旅行が抑制された２０２０年には１５４１円まで減少した。２０２０年の収支改善は10万円の特別定額給付金が可処分所得に加わった効果も大きい。

２０２０年の年金生活者の家計は黒字との統計

さらに総務省は２０２１年８月６日に公表した２０２０年分の分析から、年金生活世帯を代表させるデータを夫65歳以上・妻

図表8-3　収支が変動する要因は所得の増減

夫婦高齢者無職世帯（夫婦とも65歳以上）の収支

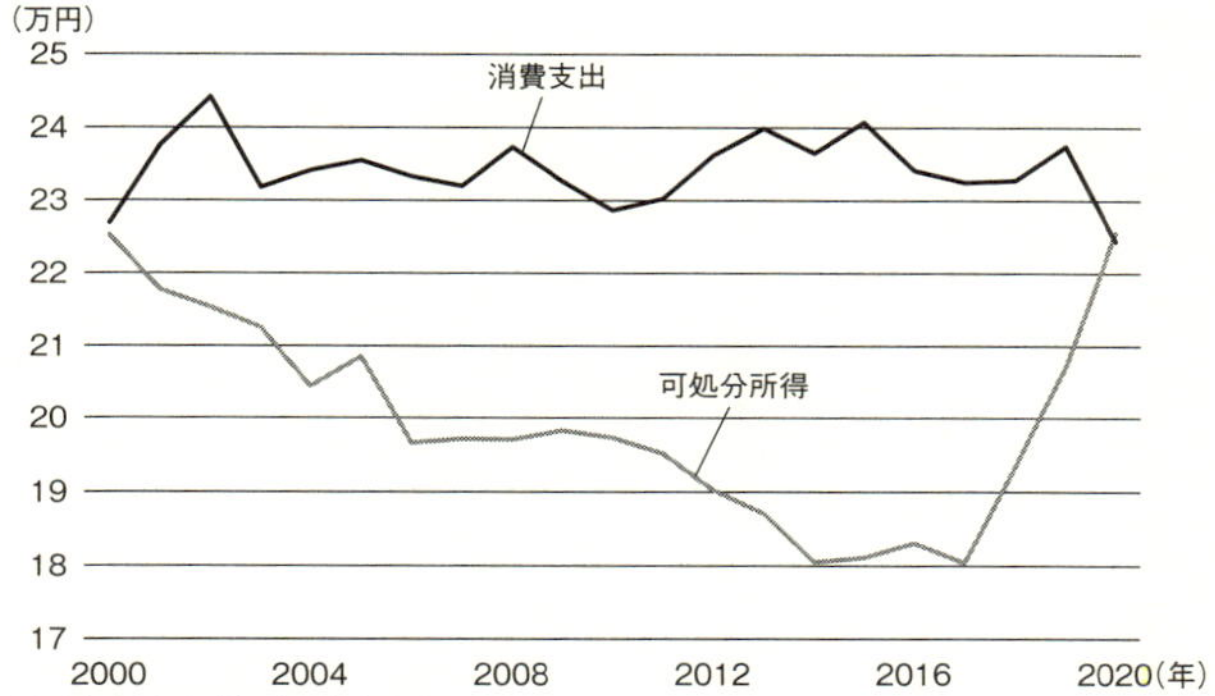

（出所）総務省「家計調査年報」

60歳以上の高齢夫婦無職世帯のものから、夫婦ともに65歳以上の夫婦高齢者無職世帯のものに変更した。この結果、2020年の年金生活世帯の収支は月平均1111円の黒字になった。コロナ下での特殊要因とはいえ、「老後2000万円問題」などなかったということになってしまう。

代表値が高齢夫婦無職世帯でも夫婦高齢者無職世帯でもデータ自体は総務省が毎年発表しているので、いかようにも分析できるのだが、図表8－1で示した2000年から2020年までの収支のグラフをみると、一定の傾向がうかがえる。2000年から2010年代半ばにかけては年によっ

図表8-4　公的年金給付が減少から増加に転じる

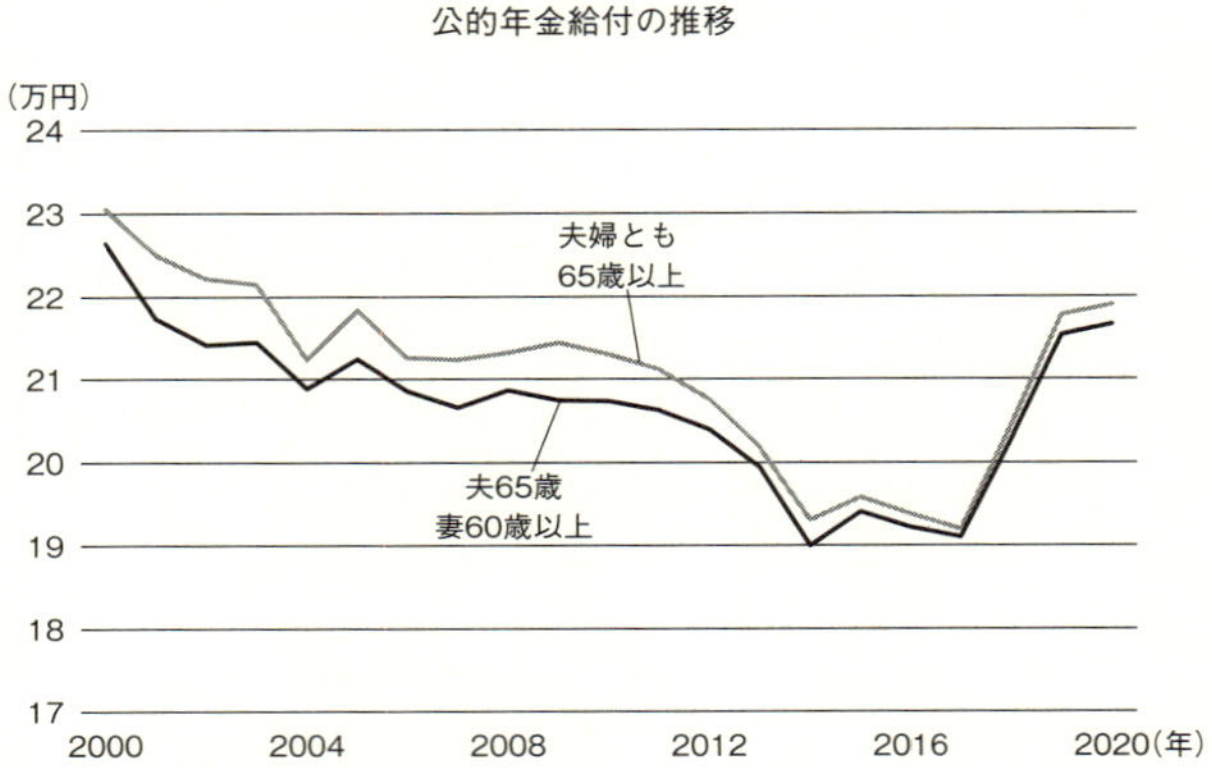

(出所) 総務省「家計調査年報」

て若干のでこぼこがあっても、全体として収支は悪化傾向なのに、その後2020年にかけて改善傾向を示している。

なぜこうなっているのかについて調べてみると、高齢夫婦無職世帯については図表8－2のグラフが、夫婦高齢者無職世帯については図表8－3のグラフが示すとおり、それぞれ消費支出はコロナ下の2020年を除き、23万～24万円程度で安定している。その一方で可処分所得が2010年代半ばにかけて減少し、それ以降に増加していることがわかる。

公的年金給付が増えている

　年金生活者だから可処分所得の大半は公的年金給付だ。実際、その金額が２０１０年代半ばにかけて減少し、その後に回復している。夫婦高齢者無職世帯の金額をみると、２０００年には23万５４４円だったのが、２０１７年に19万１９７４円まで減少した。しかし、その後２０２０年にかけて21万８９８０円まで回復した（図表８－４）。

　年金制度はどちらかというと改悪が続いてきたので、同一年齢でも給付額がだんだんと減ってくるのが自然だと思われる。多くをもらっていた人たちが配偶者の死亡などで高齢夫婦無職世帯や夫婦高齢者無職世帯の定義から外れる一方、新たに少なめにもらっている人たちがこの枠に入ってくるからだ。しかし、２０１７年から改善しているのは、高齢無職世帯への年金給付額に微妙な構造変化があるからではないだろうか。

2　将来の高齢夫婦は年金で暮らせる

高齢者雇用と女性の社会進出

　なぜ2010年代半ばを境に高齢無職世帯の収支が改善してきたのか。ひとつは高年齢者雇用安定法が段階的に改正され、実際に65歳まで働く人たちが増えてきたからだ。法律では2000年に65歳までの雇用確保を努力義務にした。2006年には65歳までの雇用確保を「対象者の限定ができる」という前提付きで義務化した。2013年には希望者全員の65歳までの雇用を義務化した。

　この結果、60~64歳になっても厚生年金保険料を払う人が増え、65歳からの支給額が上積みされたのではないだろうか。もうひとつは1986年の年金制度改正で老齢厚生年金の支給は65歳からになったが、同時に報酬比例部分は「特別支給の老齢厚生年金」として給付が受けられ、老齢基礎年金は60歳まで繰り上げ受給ができるようになった。

特別支給の老齢厚生年金の受給開始年齢は段階的に繰り下げていったが、いずれにしても一定の割引率を適用して、60歳まで繰り上げて受け取れることになった。ただ、老齢厚生年金の報酬比例部分だろうが、老齢基礎年金だろうが繰り上げ受給をすれば、金額は一定の計算式に基づいて減額されてしまう。その金額が生涯にわたって続くわけだ。

仕事から引退する年齢が60歳だったころには、年金を60歳まで繰り上げ受給することを選択する人が多かった。引退年齢が繰り下げられて65歳になれば、勤務先からの収入があるので、年金を繰り上げ受給する必要がなくなる。つまり、夫が65歳以上の高齢無職世帯の公的年金給付の中身をみると、２０１０年代半ばを境に、繰り上げ受給をして減額された年金を生涯支給される人よりも、繰り上げ受給をしないで満額の年金を生涯支給される人のほうが増えたのではないか。

公的年金給付が増えてきたもうひとつの要因として、妻が現役時代に正社員としてフルタイムで働いていたというケースが増えているのではないだろうか。妻もフルタイムワーカーだったとすれば、受け取る年金は老齢基礎年金だけでなく、老齢厚生年金の報酬比例部分も加わる。老後もダブルインカムというわけだ。

図表8-5　高齢でも働く女性が増えているもよう

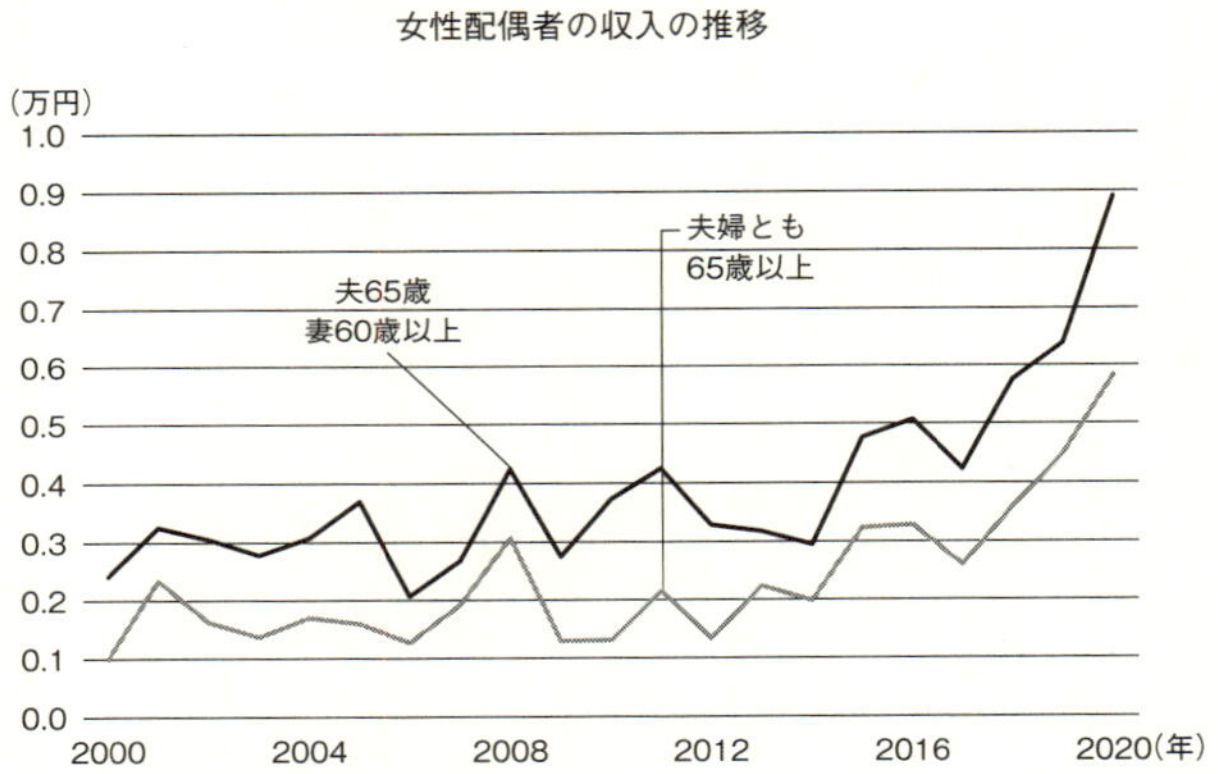

(出所) 総務省「家計調査年報」

高齢になっても働く女性

もうひとつ、まだ高齢無職世帯の可処分所得への影響力はそれほど大きいわけではないが、女性配偶者、つまり、妻の収入がじわじわと増加している（図表8－5）。ちなみに総務省の統計の高齢無職世帯の定義は世帯主が無職であることだけなので、妻が働いて収入を得ている可能性も含んでいる。ほかに高齢無職世帯の収入としては財産収入、家賃収入、内職収入などがあり、2020年には特別収入（特別定額給付金）も大きかった。

女性配偶者の収入は妻が60歳以上の高齢

夫婦無職世帯の場合、2000年の月平均2415円からじわじわと増え、2016年に5000円に乗せ、2020年に8906円になった。妻が65歳以上の夫婦高齢者無職世帯の場合は2000年の1000円が2015年に3000円を超え、2020年に5824円になった。

現役時代にフルタイムで働いてきたことの延長だろうが、60歳や65歳になっても活躍する女性が増えているということである。

つまり、夫の引退年齢が繰り下げられていることと、女性活躍社会の到来の両方の効果で高齢無職世帯の公的年金給付が増えていて、家計収支の改善に結びついていることがわかる。この傾向はコロナ下で若干、足踏みするかもしれないが、今後、長期にわたって続く可能性が大きいだろう。とすれば、公的年金制度がよほど改悪されない限り、高齢無職世帯の収支は長期的に黒字が定着するのではないか。

もちろん貯蓄があれば、それを取り崩してゆとりある生活をする年金生活者も増えるだろうから、総務省の家計調査での表向きの収支は赤字が続くかもしれない。しかし、つましい生活をするには十分な収入が確保できるのではないか。政策的には正社員として働いてこなかったために低年金にとどまる人や、単身者、シングルマザーなど老後のダブルインカムの恩恵にあずかれない人たちの老後の生活をどう支えるかが重要になると思われる。

3　資産形成に優遇税制は不要では

老後黒字が定着するのならば

「老後2000万円問題」というのは、あくまでも平均値であり、家計の収支は世帯ごとに大きく異なるが、政策を立案するときにはやはり平均値を基準にいろいろなことを判断していくしかない。今後、高齢無職世帯の収支の黒字化が予想される、言い換えれば、公的年金給付だけでつましい生活は十分に送れるというのならば、自助努力での資産形成を政策的に支援する必要性は薄れてくる。

もう十分か、まだ足りないかといわれれば、まだまだだろうが、つみたてNISAやiDeCoの利用者数は急速に増えている（図表8－6）。金融庁によると、つみたてNISA

図表8-6　投信積み立てをする若年層が急増

つみたてNISAとiDeCoの利用者数

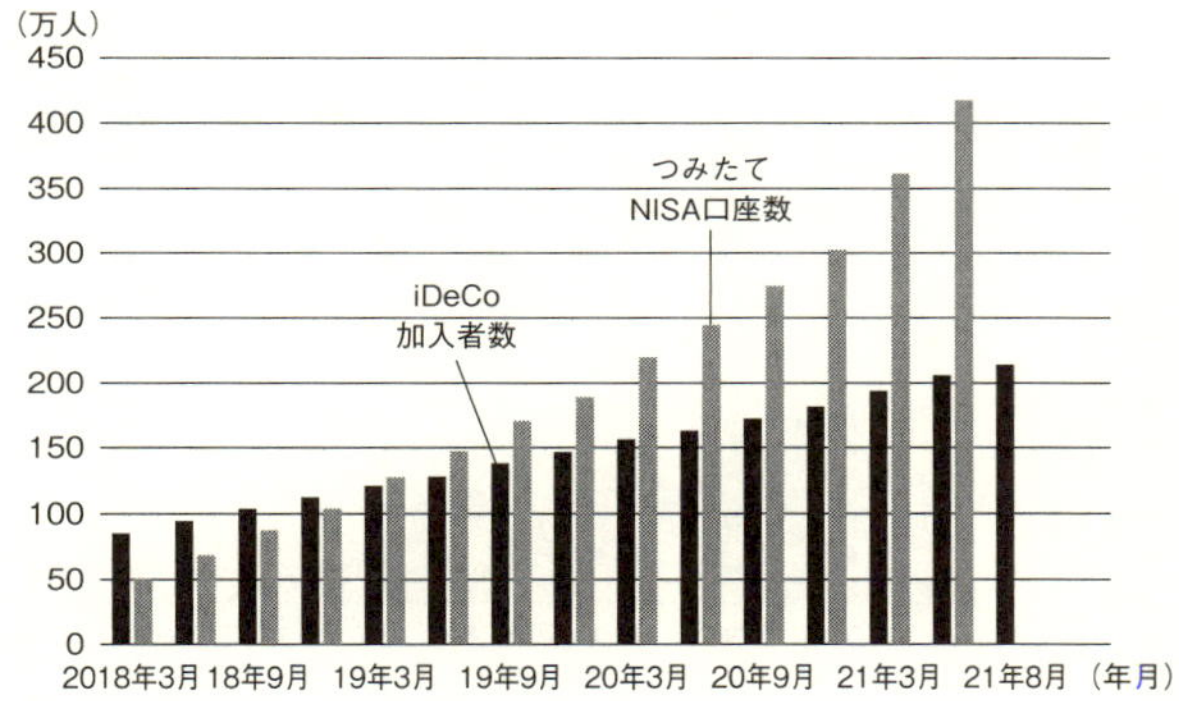

（出所）金融庁ホームページ、国民年金基金連合会

の口座数は２０２１年６月末現在で４１７万５４３０と１年前に比べて70・９％増加した。国民年金基金連合会によると、ｉＤｅＣｏの加入者数は２０２１年８月末現在で２１４万３１３人とコロナ前の２０１９年末に比べて46・０％増加した。

毎月定額を積み立てているから、積立残高は加速度的に増加する傾向がある。つみたてＮＩＳＡでは元本ベースの買付累計額は２０２１年６月末現在で１兆６５８億円と１年前に比べて１３２・９％増加した（図表８－７）。ｉＤｅＣｏの掛け金額（累積ではなく１年分）に関する統計はやや古いが、２０２０年３月末現在２４０７億円

図表8-7　口座が増えると積立額は加速度的に増加

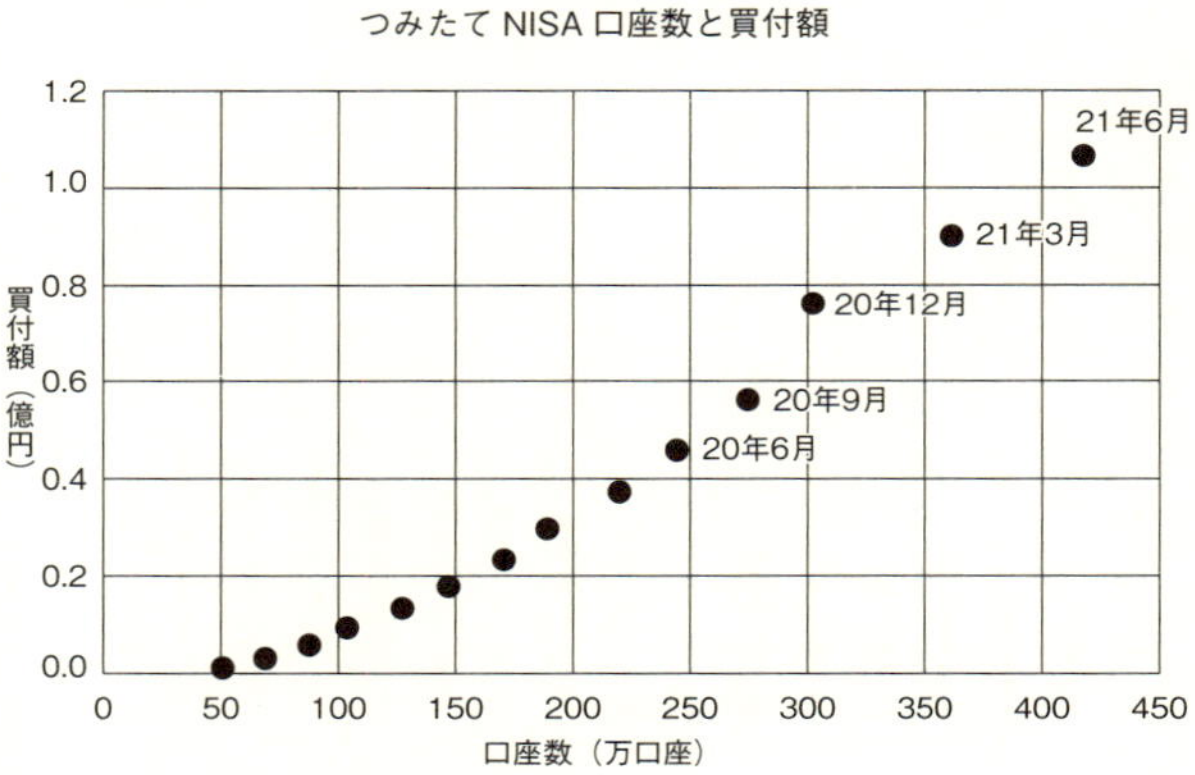

（出所）金融庁のデータをもとに筆者作成

で、2019年3月末に比べて31・2％増加した。

iDeCoの時価ベースの資産額は2020年3月末現在2兆1673億円で、1年前に比べて14・2％増加した。2020年3月は新型コロナウイルスの広がりで世界の株式相場が大きく下落した局面だったから、その後の株式相場の回復を踏まえると、実質的な資産額はもっと膨らんでいる可能性が大きい。

多くの証券会社は毎日のように株式を売ったり買ったりしてくれる顧客からの注文が収益源だから、つみたてNISAやiDeCoの利用者が増えても、一部のオンライン証券を除いて、収益面ではさほどプラスにはならないだろう。しかし、対面営業の大手証券会社がまさに直面していることだが、主力の顧客層がだんだんと高齢化し、株式投資にかつてのように積極的ではなくなるにつれて、収益面ではじり貧を免れなくなっている。現在は若くて資金力も乏しく、採算面で魅力がなくても、将来、大きな取引をしてくれそうな顧客層をどう引き付けておくかは、大きな経営課題なのだ。

つみたてＮＩＳＡの口座獲得では楽天証券がナンバーワンだが、こうしたオンライン証券が若年層の顧客を奪っているのは、将来の証券ビジネスの大幅な構造変化を予感させている。

「貯蓄から投資へ」は政府が強力に推進している政策だから、一定の税制優遇をしてもいいという考え方はあるだろう。ただ、限られた財源のなかで特定の行為に対して税制上の優遇を与えるためには、何となくではダメだ。公的年金だけで老後のつましい生活を送れるという前提が整うのならば、老後に向けての資産形成はゆとりのある生活をするのが目的になるわけで、それは優遇税制の有無に関係なく、各自が勝手にすればいいという話になる。

金融所得課税の強化はありうる

新型コロナウイルスによる感染症の拡大に対応するため、政府は強力な財政支出をしてきた。感染症が収束するのならば、財政の立て直しに向けて動くのは当然だと思われる。2021年10月4日に発足した岸田内閣は富裕層の担税力に目を付け、金融所得課税の強化も具体的な検討課題として打ち出した。さっそく株式相場が急落で反応したため、10月10日には「すぐに実施するのではない」と発言内容を後退させている。

2021年現在、株式の譲渡益や配当所得に対する税率は復興特別所得税を含め、所得税と住民税の合算で20・315%である。配当所得は申告して総合課税にすることも可能だが、いずれにしてもこの税率は、所得に対する税率という観点からは微妙なところだ。所得の多い人にとっては、勤労所得への税率に比べて低いからメリットがある。所得が少ない人にとっては、勤労所得への税率に比べて高いから、罰金を払わされているようなものだ。

この税率を25%、30%と高めていくと、高額所得者にとってもかなりの税率になるだろうが、低所得者にとってはとんでもない高税率になる恐れがある（図表8－8）。つみたてN

図表8-8　金融所得の税率は大半の納税者にとって今でも高い

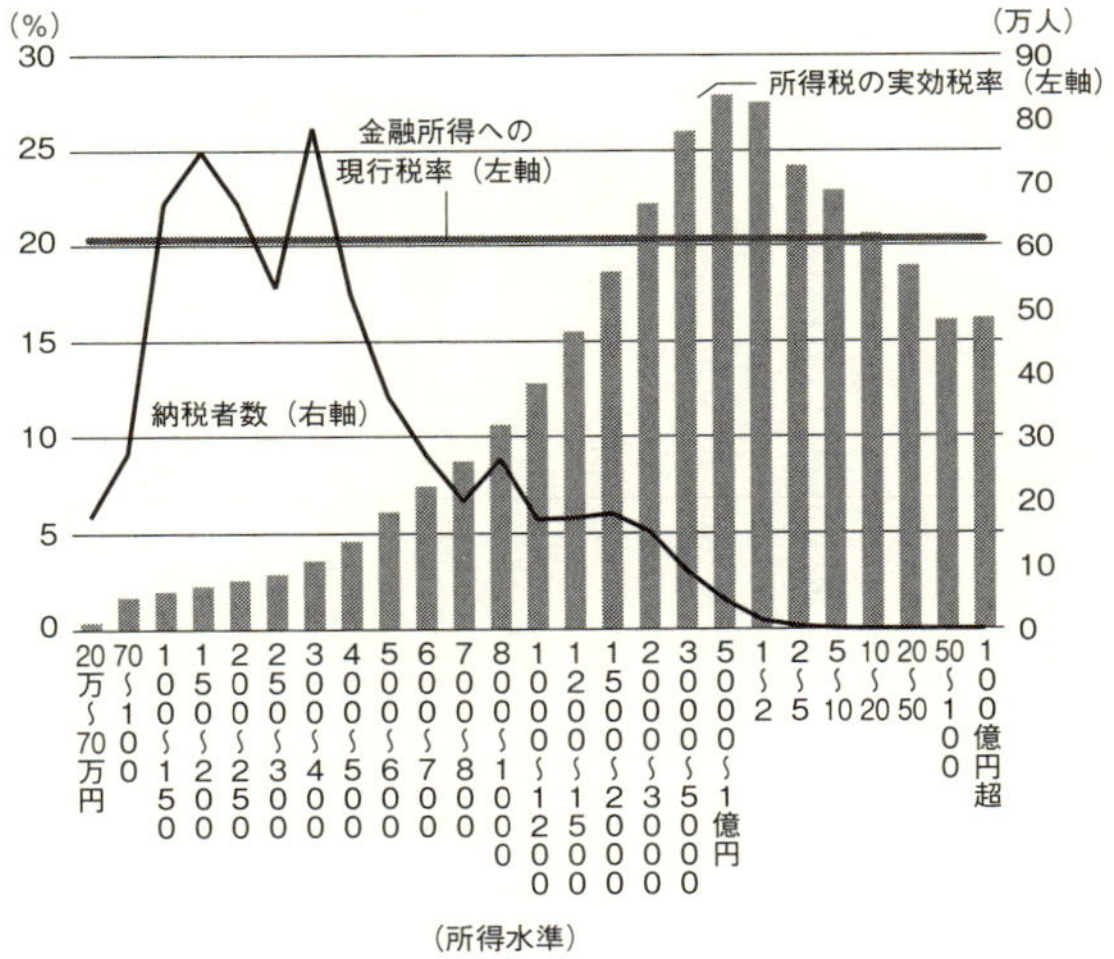

（出所）国税庁「申告所得税標本調査」2019年版

ＩＳＡのほか、株式でも投信でも年間120万円までの投資による収益が5年間、非課税になる一般ＮＩＳＡも温存し、低所得者の金融所得に対する税率が勤労所得に比べて高くなりすぎないようにすることは、税制上の一つの工夫といえるだろう。

公的年金改革も重要

もう一つの考え方として、貯蓄なのか保険なのか公的扶助なのか理念もはっきりしないままに肥大化し、持続性が疑問視されている公的年金制度を、もっと簡素で持続性が高いものに改革し、老後に向けての資産形成は自助努力に委ねていくというシナリオも考えられるだろう。

厚生労働省は権限の縮小につながるから、猛反対すると予想されるが、自助努力で資産形成に取り組んでいることを政府に認証してもらい、公的年金の掛け金の支払い義務を軽減してほしいと考えている国民は多いはずだ。話がそういう方向に向かえば、老後の資産形成のためにはもっと税制優遇をしてもいいのではないか。

銀行も証券界も顧客の裾野が広がるのならば、良質な金融商品の供給にもっと力を入れるのではないかと思われる。好循環を期待したいところだ。

4　税制を味方に付ける工夫

つみたて投資に過大な期待は禁物

米国の著名投資家のウォーレン・バフェット氏はいわば名うてのアクティブ運用の投資家

だが、妻や一般の投資家には米国の代表的な株価指数であるS&P500に連動する投信を購入するように勧めている。バフェット氏の保有銘柄（正確にはバフェット氏が経営する投資会社バークシャー・ハザウェイの保有銘柄）のなかにも、S&P500に連動する上場投信（ETF）が2銘柄含まれている。

株式相場が長期的に上昇し続けるかどうかはいろいろな議論があるところで、成功の方程式もなければ失敗の方程式もないというのが筆者の立場だが、この点に関しては見方もさまざまだろう。インデックス投信への積み立てはコスト面から考えて合理的にみえるが、例えば収入が多めの会社員が将来に備えて20歳代で月5万円の積み立てを始めると、第一線からの引退を決めるであろう40年後には、元本だけで積立総額は2400万円になってしまう。

金融庁のホームページのNISA特設サイトにある想定リターンを信じるわけではないが、仮に年率3％で資産が増えていくとすれば、40年後の「元利合計」は4630万円にもなる。GPIFが運用の前提にしている国内株式の期待リターンの5・6％が実現すれば、40年後の「元利合計」は8940万円にもなる。

もっとも、リスク商品への投資成果の分布が下ぶくれになることは、これまでも説明して

図表8-9　思ったほど増えない積み立て投資

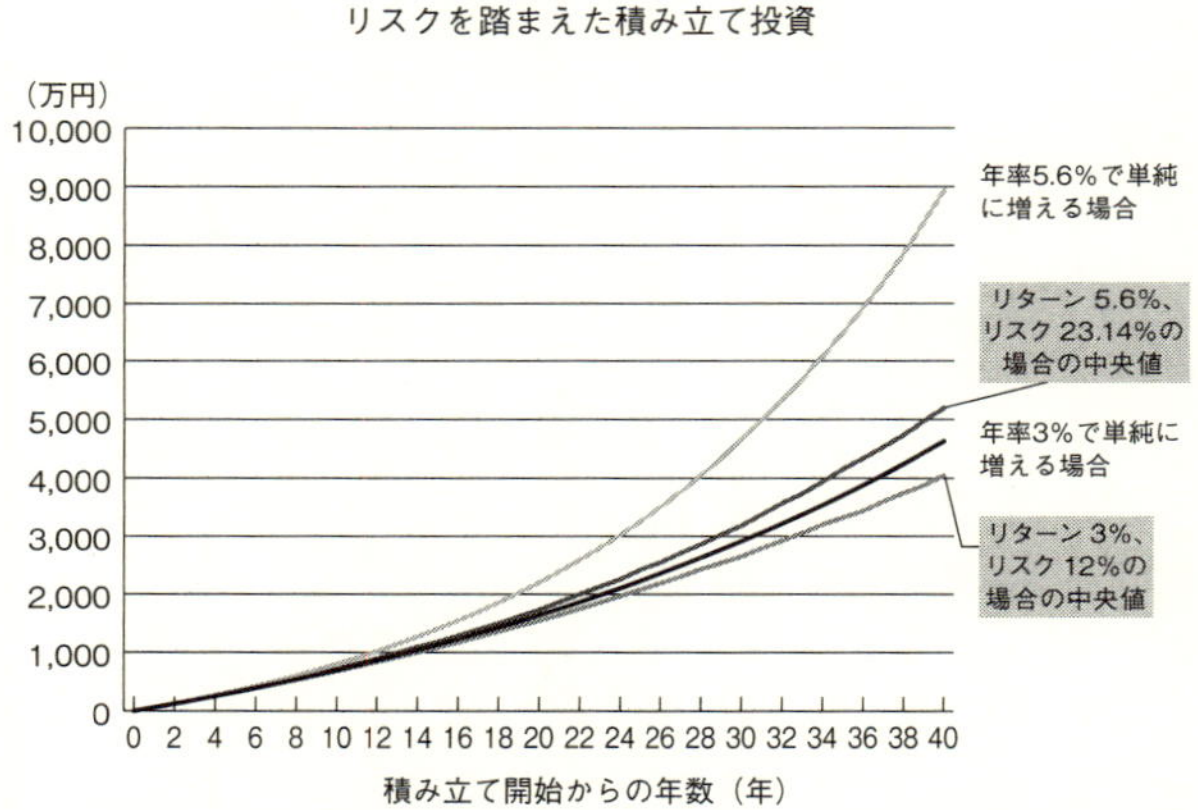

（注）毎月5万円を月末に積み立て続けた場合。シミュレーションを1万回実施して中央値を出した
（出所）筆者作成

きたとおりだ。期待リターンが3％でも想定リスクが12％ならば、運用成績が上位からも下位からもちょうど50％目だった場合、「元利合計」は4050万円程度にとどまる。期待リターンが5・6％でも想定リスクが23・14％（GPIFの想定）ならば、40年後の「元利金」の中央値は5200万円程度にとどまる。1万回のシミュレーションの結果は図表8－9のグラフに書き入れている。単純に年率3％あるいは5・6％で増えるわけではないことを肝に銘じてほしい。

40年後の物価水準がどうなっていて

おカネの価値がどう目減りしているかは何とも予想ができないから、この4630万円や8940万円、あるいは4050万円と5200万円という金額が多すぎるかどうかは何ともいえないが、株価は金融市場に大きなストレスがかかれば、あっという間に半値になることもある。40年後に預貯金など他の金融資産をかなり保有していないと、家計の資産構成はかなりいびつになるのではないか。

売却時期を自由に選べることが大切

ただ、投信を解約しなくても、老後の生活は十分にまかなえるというのであれば、残高が膨らんだインデックス投信を換金するタイミングは自由に選べるから、値上がりを待てばいい。換金のチャンスがなければ、そのまま持ち続けて次世代に相続してもいい。税率が高くても、税金分だけ値上がりしたと思えるタイミングで換金すれば、税金は払わなかったようなものだ。

NISAやiDeCoなどの優遇税制も投資初心者に恩恵が多いが、びっくりするほど値上がりする個別株を買っていた場合などを除けば、節税できる金額は知れている。ただ株式の譲渡益などに課税されるのは、実際に売却して利益を出したときだけだ。じっくりと売却チャンスをうかがう自由度を確保するために、株式投資は余裕資金の範囲内ですることが重要である。

一般の個人ができる節税には限りがある。海外に隠し口座を持つような時代ではなくなっているし、有効にみえるアイデアも税当局が次々と潰している。発覚した場合のリスクを踏まえると、危ない橋は渡るべきではない。

金融資産からの果実に対する節税ではないか、金融資産からごそっと税金を徴収されるのは、何を置いても相続のときだ。筆者の反省も込めていえば、（一）暦年贈与をきちんとしておく（二）２次相続も視野に入れて遺産分割の戦略をきちんと立てる、といった準備は欠かせないだろう。

相続予定の家屋を大規模リフォームする場合も、親の資金でできるかどうかでその後の相続税額はかなり変わってくる。ただ、「節税になるから」というだけでは、老いた親が虎の子の資金を出してくれるとは思えない。良好な家族関係を維持する努力をすることも、金融資産を膨らませるための大きな要素なのである。

むすび

２０２０年の年明けから始まった新型コロナウイルスの世界的流行（パンデミック）が今後、収束に向かうかどうかは予断を許さないが、ワクチンの接種や治療薬の開発も進み、世界が対応能力を高めたのは確かだ。世界の株式相場は経済活動の修復を期待する動きと、金融政策の正常化に伴う金利上昇懸念との綱引きで、神経質な様相を強めている。

日本は２０２１年10月４日に岸田政権が発足し、これまでの自由競争や経済効率を重視した政策から、配分を重視し、格差の拡大に歯止めをかける政策への転換に踏み出すという。といっても真っ先に掲げているのが、財政出動を伴う景気対策だ。筆者はおカネを出すことよりも、国民が元気になるような知恵を出すことのほうが重要だと感じるが、いずれにしても経済の地盤沈下だけでなく、国民が誇りや自信を失ってきたこれまでの流れに終止符を打ち、反転できるかどうか、日本は正念場にさしかかっている。

株式相場は実体経済の鏡だとよく言われる。人口が減少に転じ、技術開発力でもかつての輝きを失った日本の株式は、総じて選別投資の対象ではなくなり、世界の機関投資家も関心を持たなくなった。株式の時価総額が純資産を下回る上場企業が東証1部の46・1％（2021年10月末現在）にも達している現状には政治家も経営者も危機感を持つべきなのに、もう慣れっこになり、何とかしようという意欲もみられない。

街の書店では日本株の復活を唱える書籍も多く目する。もちろん筆者も国民の一人として日本経済の復活に大いに期待したいところだ。しかし、強気論の書籍が唱えるほど、物事は単純ではないだろう。日々の生活を通じて感じることは、もう日本の経済や社会は複雑骨折していて、これを修復して前向きのエネルギーに変えるのは、並大抵のことではなかろうという点だ。

ただ、「老後2000万円問題」の主張の妥当性はともかくとして、老後の生活資金が公的年金だけでは到底足りないことを指摘した金融庁審議会の報告書がきっかけになり、証券会社に口座を開いて積み立て投資を始めた若年層が急増していることは、日本経済にとって大きなチャンスだと考えている。

これまでは勤務先の持ち株会などを別とすると、日本人の過半は株式投資などに目を向けずに、生涯を終えていた。米国でもドイツでも中国・香港でも長期的に年率8％ぐらいのペースで株価指数が上昇してきたのに、日本は1989年末に日経平均株価が最高値を付けた後、低下の一途で、一時、30年移動平均がマイナスになることもあった。

問題は、なぜ日本の株価がいっこうに上昇しないのか、本当によくわかっている人が日本にはほとんどいなかったことだ。日銀は「株式のリスクプレミアムに働きかけるため」と称して、36兆円を超える上場投信（ETF）を買ってきた。しかし、リスクプレミアムの縮小がなぜ日本の中長期的な成長につながるのか、さっぱりわからないし、日銀自身、この肝心な点をほとんど説明していない。

新しく株式投信への積み立て投資を始めた若年層は、「元利金」の途中経過に一喜一憂しながら、たぶん気がつくのではないか。岸田内閣の発足前後に東京株式相場が大きく崩れたが、株価を上げるのは日銀でも政府でもなく、企業が魅力的な成長戦略を打ち出して、潜在的な買い手に「それならば買ったら値上がり益が得られるのではないか」と思わせることが出発点だと。

市場メカニズムについて正しく理解する人が増えれば増えるほど、企業経営者は本気になるだろうし、政府や日銀に余計なことをしてほしくないという思いが募るだろう。こうした国民的理解が広がることが、日本経済を真の成長に導く道だと筆者は信じている。

本書を通じて市場機能に関するいろいろな気づきを読者に伝えることができ、「なるほど」と思ってくれる人が増えれば、筆者の43年間にわたる日経記者人生も、多少なりとも社会のお役に立つことになる。証券市場をテーマとし、新しい観点を盛り込んだ本を今後も1年に1回ぐらいのペースで刊行しようと考えている。実現すれば、喜怒哀楽をともにした妻ともども、心からうれしく思う。

2021年11月

前田　昌孝

前田昌孝　まえだ・まさたか

日本経済新聞編集委員。1957年生まれ。79年東京大学教養学部卒業、日本経済新聞社入社。産業部、神戸支社を経て84年証券部。91～94年ワシントン支局。証券部編集委員、ヴェリタス編集部編集委員、日本経済研究センター主任研究員を経て現職。

日経プレミアシリーズ｜468

株《かぶ》式《しき》投《とう》資《し》2022

二〇二一年一一月一八日　一刷

著者　前田昌孝
発行者　白石 賢
発行　日経BP
日本経済新聞出版本部
発売　日経BPマーケティング
〒一〇五―八三〇八
東京都港区虎ノ門四―三―一二
装幀　ベターデイズ
組版　マーリンクレイン
印刷・製本　凸版印刷株式会社

ISBN 978-4-532-26468-0　Printed in Japan

日経プレミアシリーズ430

データでわかる2030年　地球のすがた

夫馬賢治

頻発する異常気象。食卓から次々と消える魚。島国でも避けられない意外な水リスク。対応迫られる「現代奴隷」問題……データが示すのは、持続可能性に黄信号が灯っている地球の姿だ。先行する欧米の取り組みや企業・機関投資家の動きも含め、日本人が知らない世界のリアルを解説。

日経プレミアシリーズ465

イギリス解体の危機

ブレグジットが開けたパンドラの箱

中島裕介

英国は将来にわたって今の国のかたちを維持できるのか。ブレグジットは「パンドラの箱」を開けてしまった。独立運動が再燃するスコットランド、国境問題がくすぶる北アイルランド――。ジョンソン政権の外交政策「グローバル・ブリテン」の裏側、現地の実相を、日経新聞欧州総局の記者が、生の声も交え探る。

日経プレミアシリーズ416

リブラの野望

破壊者か変革者か

藤井彰夫・西村博之

フェイスブックが発行を目指すデジタル通貨リブラ（Libra）とは何か。なぜ世界各国の政府や通貨当局は警戒を強めるのか。デジタル通貨のイノベーションがもたらすマネー経済の革命的変化を読み解く。ノーベル経済学賞受賞者のスティグリッツ教授や、貨幣論の第一人者岩井克人教授らのインタビューも収録。

日経プレミアシリーズ 460

コロナ倒産の真相

帝国データバンク情報部

アパレルの名門「レナウン」、小田原かまぼこの名店「丸う田代」、川湯温泉のホテル運営「自然塾」など、コロナ禍での23の破たんの舞台裏に迫る。資金繰りの判断ミス、無謀な投資、不正会計、横領など、信用調査マンが裏側を明かす。

日経プレミアシリーズ 398

地銀波乱

日本経済新聞社 編

2018年に発覚し世間を騒がしたスルガ銀行の不正融資――しかし、それは氷山の一角に過ぎない。全国にある106の地方銀行の多くは連続した赤字に苦しんでいる。暴走するアパートローン、「不良債券」という名の爆弾、人材の枯渇、モラトリアム法の負の遺産……行き詰まる地銀に活路はあるのか

日経記者が総力を挙げて取材する。

日経プレミアシリーズ 424

円相場の終わり

小栗 太

円相場が衰弱しつつある。コロナ・ショックは最後の打ち上げ花火にすぎない。金利が各国とも最低レベルにあり、超高速の自動発注システムが相場を支配する。このまま為替相場は終焉を迎えてしまうのか。四半世紀にわたって相場をみてきた日経のベテラン記者が、マネー経済の本質的な変化を伝える。

日経プレミアシリーズ456

株式市場の本当の話

前田昌孝

株式投資はリターンの追求だけが目的ではない。資産保全、お気に入り企業の応援、老化防止、株主優待活用にも役に立つ。株価の動きには長期停滞の原因や、脱出のヒントも潜んでいる。東京株式市場の問題は日本経済の問題でもある。何が起きているのか、どうすべきかを掘り下げる。

日経プレミアシリーズ463

あなたが投資で儲からない理由

大江英樹

「長期投資ならリスクは小さくなる」「リスクの大きいものはリターンも大きい」「積立投資は最強の投資方法」「株価に一喜一憂してはいけない」「初心者はまず投資信託から」――これらはすべて勘違い？　お金に関する情報があふれる時代、自分なりの判断軸を持たず振り回されていると、いつかくる暴落にただ泣くことにも。「自分の頭で考える」ための投資の考え方の基本を紹介する。

日経プレミアシリーズ453

安いニッポン「価格」が示す停滞

中藤　玲

日本のディズニーランドの入園料は実は世界で最安値水準、港区の年平均所得1200万円はサンフランシスコでは「低所得」に当たる……いつしか物価も給与も「安い国」となりつつある日本。30年間の停滞から脱却する糸口はどこにあるのか。掲載と同時にSNSで爆発的な話題を呼んだ日本経済新聞記事をベースに、担当記者が取材を重ね書き下ろした、渾身の新書版。